MANUAL DE ATENDIMENTO FAMILIAR EM GRUPO PARA TRANSTORNOS ALIMENTARES

DESENVOLVENDO HABILIDADES PARA CUIDAR

Editora Appris Ltda.
1.ª Edição - Copyright© 2022 das autoras
Direitos de Edição Reservados à Editora Appris Ltda.

Nenhuma parte desta obra poderá ser utilizada indevidamente, sem estar de acordo com a Lei nº 9.610/98. Se incorreções forem encontradas, serão de exclusiva responsabilidade de seus organizadores. Foi realizado o Depósito Legal na Fundação Biblioteca Nacional, de acordo com as Leis nos 10.994, de 14/12/2004, e 12.192, de 14/01/2010.

Catalogação na Fonte
Elaborado por: Josefina A. S. Guedes
Bibliotecária CRB 9/870

M294m 2022	Manual de atendimento familiar em grupo para transtornos alimentares: desenvolvendo habilidades para cuidar ; baseado no novo modelo Maudsley Hospital / Mariangela Bicudo, Renata Arnoni, Elizabete Morais (orgs.). - 1. ed. - Curitiba : Appris, 2022. 100 p. ; 21 cm.
	Inclui referências. ISBN 978-65-250-3475-1
	1. Distúrbios alimentares. 2. Psicoterapia familiar 3. Cuidadores. I. Bicudo, Mariangela. II. Arnoni, Renata III. Morais, Elizabete. IV. Título.
	CDD – 616.8526

Livro de acordo com a normalização técnica da ABNT

Appris editora

Editora e Livraria Appris Ltda.
Av. Manoel Ribas, 2265 – Mercês
Curitiba/PR – CEP: 80810-002
Tel. (41) 3156 - 4731
www.editoraappris.com.br

Printed in Brazil
Impresso no Brasil

MARIANGELA BICUDO
RENATA ARNONI
ELIZABETE MORAIS
(ORG.)

MANUAL DE ATENDIMENTO FAMILIAR EM GRUPO PARA TRANSTORNOS ALIMENTARES
DESENVOLVENDO HABILIDADES PARA CUIDAR

BASEADO NO NOVO MODELO MAUDSLEY HOSPITAL

FICHA TÉCNICA

EDITORIAL	Augusto Vidal de Andrade Coelho
	Sara C. de Andrade Coelho
COMITÊ EDITORIAL	Marli Caetano
	Andréa Barbosa Gouveia (UFPR)
	Jacques de Lima Ferreira (UP)
	Marilda Aparecida Behrens (PUCPR)
	Ana El Achkar (UNIVERSO/RJ)
	Conrado Moreira Mendes (PUC-MG)
	Eliete Correia dos Santos (UEPB)
	Fabiano Santos (UERJ/IESP)
	Francinete Fernandes de Sousa (UEPB)
	Francisco Carlos Duarte (PUCPR)
	Francisco de Assis (Fiam-Faam, SP, Brasil)
	Juliana Reichert Assunção Tonelli (UEL)
	Maria Aparecida Barbosa (USP)
	Maria Helena Zamora (PUC-Rio)
	Maria Margarida de Andrade (Umack)
	Roque Ismael da Costa Güllich (UFFS)
	Toni Reis (UFPR)
	Valdomiro de Oliveira (UFPR)
	Valério Brusamolin (IFPR)
SUPERVISOR DA PRODUÇÃO	Renata Cristina Lopes Miccelli
ASSESSORIA EDITORIAL	Débora Sauaf
REVISÃO	Ana Lúcia Wehr
PRODUÇÃO EDITORIAL	Bruna Holmen
DIAGRAMAÇÃO	Bruno Ferreira Nascimento
CAPA	Sheila Alves
ILUSTRAÇÕES	Tomás Franceschini
REVISÃO DE PROVA	Bianca Silva Semeguini

Dedicamos este manual aos pacientes que depositaram sua confiança em nós, nos Grupos de Atendimento aos Cuidadores, no decorrer dos últimos anos, e nos ensinaram como é estar no papel de cuidador.

AGRADECIMENTOS

Nossos agradecimentos ao Núcleo de Atenção aos Transtornos Alimentares (Proata) da Universidade Federal de São Paulo (Unifesp), pois foi no acompanhamento e tratamento ambulatorial que tivemos a oportunidade de aprimorar as etapas propostas neste manual.

À Dr.ª Angélica Medeiros Claudino, fundadora do Proata, propagadora de conhecimento e tratamento dos transtornos alimentares que, com sua generosidade, nos propiciou oportunidades para desenvolver este material.

À Denise Achoa Claudino, coordenadora do Proata – Infância e Adolescência, que nos forneceu espaço, material didático e prático para este projeto.

Nossa imensa gratidão à Janet Treasure e aos autores citados neste manual, pois foi a partir deles que norteamos todo o nosso embasamento.

À Liliane Kijner Kern, psiquiatra voltada ao tratamento de familiares de pacientes com transtornos alimentares, que foi quem iniciou este trabalho no Proata, a partir de quem o nosso trabalho se faz continuado.

Para ajudar e cuidar, você precisa, antes de tudo, entender.

PREFÁCIO

O atendimento de famílias com pacientes portadores de TAs é parte do atendimento multidisciplinar de quadros como esse desde 1970, com o trabalho de Salvador Minuchin[1].

Ao longo dos anos, a abordagem familiar foi modificada para atender à maior compreensão da doença pela comunidade que trabalha com saúde mental. Uma enorme contribuição veio dos grupos de pesquisa do Kings College, liderados por psiquiatras e psicólogos, como Dr. Christhopher Dare, Ivan Eisler, pais da abordagem do Modelo Maudsley de Terapia Familiar para Anorexia Nervosa (Manual de Abordagem Familiar); a Prof.ª Dr.ª Janet Treasure (*Taking care of a loved one with an eating disorder*) – cada um sendo um pedaço da construção do próximo.

Este manual também é uma obra desenvolvida a partir dos conhecimentos dos autores citados e dá a sua própria contribuição ao assimilar a prática clínica do trabalho com pacientes e familiares realizado no Proata, por mais de duas décadas.

O ponto de partida do trabalho é nivelar o terreno das conversas. Para isso, é fundamental esclarecer o que são os TAs e o que é uma doença psiquiátrica. Ter um ponto comum entre terapeutas, familiares e pacientes é a base para um melhor prognóstico.

Anorexia e bulimia nervosa são doenças psiquiátricas. A doença é a modificação do estado de saúde. Podemos usar a definição da Organização Mundial da Saúde (OMS) para saúde mental, "um estado de bem-estar no qual um indivíduo percebe suas próprias habilidades, pode lidar com os estresses cotidianos, pode trabalhar produtivamente e é capaz de contribuir para sua comunidade"[2], e contrapor o que é a doença mental: uma condição em que a saúde

---

[1] MINUCHIN, S; ROSMAN, B. L; BAKER, L. *Psychosomatic Families*: Anorexia Nervosa in Context. Harvard University Press, 1978.

[2] Disponível em: https://www.who.int/pt. Acesso em: 5 ago. 2022.

mental está comprometida. As doenças mentais são condições de saúde que envolvem mudanças na emoção, no pensamento ou comportamento (ou uma combinação delas); que alteram o bem-estar, estão associadas à angústia e/ou a problemas de funcionamento em atividades sociais, de trabalho ou familiares[3].

Entender que se trata de uma doença, e não de uma falha de caráter, um problema moral, uma birra, ou uma fase da adolescência, é um passo importante para que cuidadores e paciente estejam do mesmo lado, o de reaver a saúde e buscar saídas para a mudança do TA de seus comportamentos sintomáticos.

Com esses pontos em vista, cada SESSÃO vai buscar construir com os cuidadores ferramentas para que eles possam manejar os sintomas comportamentais e emocionais, assim como perceberem como seus próprios comportamentos e emoções podem colaborar para modificar ou manter o quadro.

Tudo isso é contemplado nas próximas páginas de forma clara e didática. O manual aqui apresentado ainda traz como uma vantagem atender as famílias em grupo.

A publicação deste manual vai colaborar para divulgar o modelo e levar o atendimento a lugares onde o tratamento especializado pode ser escasso.

A maneira saudável de sermos pais é educar de forma que nossos filhos possam desenvolver-se, crescer e sair mundo afora.

Este manual é a demonstração de que minhas filhas profissionais cresceram e estão no mundo. Fico feliz e emocionada por ser parte desta história.

Liliane Kijner Kern

Psiquiatra

---

[3] Disponível em: www.psychiatry.org/patients-families/what-is-mental-illness. Acesso em: 5 ago. 2022.

SUMÁRIO

INTRODUÇÃO 15

1ª SESSÃO
APRESENTAÇÕES...19

2ª SESSÃO
MITOS E VERDADES SOBRE OS TRANSTORNOS ALIMENTARES .. 20

3ª SESSÃO
QUE TIPO DE CUIDADOR VOCÊ É?.................................24

4ª SESSÃO
VÍDEO PIPER – APRESENTADO NA SESSÃO 33

5ª SESSÃO
RESPONDENDO SUAS DÚVIDAS COM A PSIQUIATRIA 34

6ª SESSÃO
SESSÃO LIVRE 35

7ª SESSÃO
DISTORÇÕES COGNITIVAS: COMO AS COISAS PARECEM PARA
SEU ENTE QUERIDO, COMPARADO A COMO ELAS PARECEM PARA
VOCÊ...36

8ª SESSÃO
RESPONDENDO SUAS DÚVIDAS COM A NUTRIÇÃO 48

9ª SESSÃO
ANTES E DEPOIS DO TA: MUDANÇAS NA ROTINA E NO SEU ENTE
QUERIDO 49

10ª SESSÃO
SESSÃO LIVRE 55

11ª SESSÃO
BUSCANDO ESTRATÉGIAS PARA LIDAR COM A ACOMODAÇÃO ... 56

12ª SESSÃO
FORMAS DE ABORDAR O ASSUNTO 60

13ª SESSÃO
COMUNICAÇÃO E DIÁLOGO 65

14ª SESSÃO
SESSÃO LIVRE 74

15ª SESSÃO
FUNÇÃO DO TA NA VIDA DO SEU ENTE QUERIDO 75

16ª SESSÃO
FATORES DE MAU PROGNÓSTICO 78

17ª SESSÃO
FUNCIONAMENTO NORMAL DA ADOLESCÊNCIA 83

18ª SESSÃO
VÍDEO "O CORDÃO" 92

19ª SESSÃO
EXPECTATIVAS E SONHOS DOS CUIDADORES X EXPECTATIVAS E SONHOS DO ADOLESCENTE 93

20ª SESSÃO
ENCERRAMENTO E AVALIAÇÃO DO GRUPO 96

REFERÊNCIAS 98

INTRODUÇÃO

Trataremos a pessoa com transtorno alimentar como "ente querido".

O transtorno alimentar (TA) é uma doença psiquiátrica que tem um grande impacto tanto na vida do paciente como na vida familiar. A doença invade a casa e altera o relacionamento da pessoa com TA, com os pais, com o cônjuge e com a família como um todo. Sem a família se dar conta, o TA vai ganhando espaço na rotina familiar, que vai sendo alterada para se adaptar às exigências impostas pela doença. Quanto maior a adaptação, mais distante a recuperação.

Além disso, a sensação é de que o cuidador não reconhece mais seu ente querido, pois ele se apresenta de uma forma muito diferente de antes, mais crítico, rígido, exigente, isolado e com praticamente toda sua energia voltada para calorias, peso e forma corporal; e, ainda, todos percebem que há algo errado e muito grave com ele, mas ele absolutamente não concorda com isso e continua no firme propósito de perder peso a qualquer preço.

Em geral, os cuidadores ficam muito assustados e perdidos em relação ao que fazer, principalmente pela falta de informação sobre a doença.

Este manual tem o objetivo de orientar profissionais que trabalham com famílias (pais ou cuidadores) de pacientes com anorexia nervosa e bulimia nervosa. O trabalho com os cuidadores consiste em fornecer informações sobre a doença, possibilitando o desenvolvimento de estratégias que colaborem com a melhora dos sintomas. Quanto mais acesso à informação, mais a família se instrumentaliza para se libertar das armadilhas impostas pela doença e que dificultam a recuperação. Os esclarecimentos e as orientações fornecidos aos cuidadores serão apenas diretrizes para que encontrem a melhor forma de agir com seu ente querido dentro do seu contexto. O cuidador é qualquer membro da família ou amigo íntimo que possa oferecer suporte (pais, parceiros ou irmãos).

A primeira coisa a ser dita é que ninguém tem culpa pelo surgimento da doença, nem o cuidador nem seu ente querido. O cuidador fez o melhor que pôde e agiu de acordo com suas convicções. Além disso, em geral, ele é a pessoa que mais conhece o indivíduo com TA, portanto, a mais habilitada a ajudá-lo, juntamente à equipe de profissionais.

O próximo passo é entender que o ente querido está doente, mas ele não é a doença. Ou seja, o TA é intrusivo; muitos comportamentos incompreensíveis e ilógicos para o cuidador são impostos pelo TA. Contudo não podemos esquecer que todas as características anteriores da pessoa permanecem com ela, mas, neste momento, estão ofuscadas pelo TA. Essa compreensão é importante porque é comum pais/cuidadores ficarem tão preocupados com a alimentação e com os sintomas da doença que só se aproximam do ente querido para falar desse assunto. Lembre-se: o ente querido continua lá.

Para facilitar a compreensão disso, vamos resumir a fala de uma das pacientes que passou pelo Proata: *"eu tenho um chefe dentro de mim que manda eu fazer coisas que, às vezes, eu nem concordo, mas não consigo não fazer. E nem ganho nada por isso!"*.

Este manual está baseado no *New Maudsley Method*, do Maudsley Hospital de Londres, que, com uma abordagem coordenada, oferece técnicas estratégicas que visam a instrumentalizar os profissionais e cuidadores para construírem uma continuidade de apoio aos seus entes queridos. Adaptamos textos contidos no manual original e reestilizamos as ilustrações originais. Além disso, acrescentamos outros textos e ilustrações baseados em necessidades que observamos ao longo da nossa experiência de atendimento.

Como base, foram utilizados: Treasure, Smith e Crane[4]; Langley, Todd e Treasure[5]; Lock e Le Grange[6].

---

[4] TREASURE, J.; SMITH, G.; CRANE, A. *Skills-based Caring for a Loved One with an Eating Disorder*. New York: Routledge, 2017.

[5] LANGLEY, J.; TODD, G.; TREASURE, J. *Caring for a Loved One with an Eating Disorder*: The New Maudsley Skills-Based Training Manual. New York: Routledge, 2018.

[6] LOCK, J.; LE GRANGE, D. *Treatment Manual for Anorexia Nervosa*: A Family-Based Approach. London: Guilford Publications Inc., 2015.

É composto de 20 capítulos, que correspondem a 20 sessões de um projeto de grupo de orientação de pais. A cada SESSÃO, um tema específico é discutido a partir de um texto (todos contidos neste manual) ou vídeo enviado previamente a todos os participantes. O objetivo da reelaboração dessas ideias é adaptar e manualizar os passos para o tratamento dos transtornos alimentares (TAs), baseando-se na experiência de trabalho com os cuidadores vivida no Proata da Unifesp. Entendemos que seria necessária uma adaptação para o ambiente/país onde nos encontramos, para melhor atender às necessidades desta população. Dessa forma, foram realizadas algumas alterações no sentido de aproximar a teoria do manual às experiências práticas.

Por que escrever este manual?

O aparecimento do TA em um membro da família causa uma desorganização no funcionamento familiar. Os sintomas do TA impactam tanto o paciente como a família, e, normalmente, o impacto nos cuidadores é negligenciado. A informação ajuda os cuidadores na compreensão da alteração de pensamento e comportamento do paciente. Algumas reações dos cuidadores frente aos sintomas não contribuem com a recuperação e não são úteis, apenas aumentam a sintomatologia.

Para ficar mais fácil de assimilar a proposta, a base para atitudes consistentes por parte dos cuidadores inclui quatro "Cs" [7]: CALMA – COMUNICAÇÃO – COMPAIXÃO – COOPERAÇÃO.

O objetivo é sumarizar as habilidades aprendidas pelos profissionais no tratamento de TA e compartilhar com os cuidadores, tornando-os mais competentes para desenvolver novas habilidades, e evitar que a doença se torne o centro da vida familiar e detenha o controle sobre a vida de todos.

Indivíduos com transtornos alimentares podem mover-se para dentro, para fora ou entre os diferentes diagnósticos.

---

[7] TREASURE; SMITH; CRANE, 2017.

O tempo desempenha um papel importante na complexidade da doença, assim como os próprios sintomas, tais como: desnutrição prolongada ou padrões anormais de alimentação que podem produzir mudanças no cérebro, que produzem novos sintomas. Portanto, é necessário pensar na doença em diferentes estágios. Na fase inicial, é mais fácil modificar os sintomas do que em fases mais adiantadas.

PROPOSTAS PARA A MANUALIZAÇÃO – FERRAMENTAS

Pontos considerados importantes a serem inseridos ou alterados na nova proposta apresentada, e que justificam a produção desta versão do manual:

1. desenho da externalização da doença;

2. colunas para preenchimento do antes e depois do TA;

3. textos e filmes – textos e vídeos que indicamos antes de cada sessão no Proata e que servirão de base para discussão;

4. fazer pensar a respeito da vida familiar antes e depois do TA, e como planejar a vida tanto do casal como individualmente quando o paciente melhorar;

5. ressaltar a diferença entre ser FIRME/CONSISTENTE e ser AGRESSIVO;

6. acréscimo da sessão "Tirando dúvidas com a Psiquiatria";

7. acréscimo da sessão "Tirando dúvidas com a Nutrição".

1ª SESSÃO

APRESENTAÇÕES

Esta sessão é dedicada à apresentação dos participantes, na qual iniciam o compartilhamento de suas histórias, angústias e dificuldades no trato e convívio com a pessoa com TA. Todos os cuidadores chegam sentindo-se sozinhos, cansados, culpados e sem esperança. Por meio dos relatos, a percepção de que o caminho do desenvolvimento da doença foi parecido, de que os outros cuidadores também demoraram a perceber a doença e o caminho percorrido até chegarem ao tratamento propiciam uma experiência emocional livre de julgamentos. É um momento importante porque se iniciam as primeiras identificações e se diminui o sentimento de solidão. O acolhimento por parte dos terapeutas é fundamental para favorecer os compartilhamentos e a expressão dos sentimentos.

É um momento em que os terapeutas explicam o objetivo do grupo e ressaltam a importância da aquisição de informações a respeito da doença para o desenvolvimento de novas atitudes que favoreçam a recuperação dos sintomas. Enfatiza-se a importância da reflexão sobre como a família se organizou em torno da do TA, para que comecem a observar o quanto estão se rendendo às exigências da doença e, sem perceber, contribuindo para sua manutenção.

São explicados as regras de funcionamento do grupo, o horário, as faltas, a importância de leitura dos textos e a necessidade de comprometimento dos cuidadores, pois eles são parte do tratamento já que estão a maior parte do tempo com a pessoa com TA e serão responsáveis pela implementação das orientações dos profissionais envolvidos na equipe de tratamento.

2ª SESSÃO

MITOS E VERDADES SOBRE OS TRANSTORNOS ALIMENTARES

Os transtornos alimentares causam um grande impacto tanto na vida do paciente como na vida da família. A rotina da família pode ser muito alterada, e, em consequência, as pessoas passam a agir no sentido de se adaptar às demandas da nova situação, recorrendo a uma nova organização da rotina. Contudo, essa nova organização pode levar a atitudes que não contribuem para a melhora dos sintomas, e sim para a manutenção deles. Sendo assim, nosso trabalho visa a direcionar as ações dos familiares no sentido de modificar os fatores que mantêm a doença.

O entendimento dos transtornos alimentares é fundamental para que o cuidador possa ajudar seu ente querido a superar a doença, pois sua compreensão guiará suas atitudes. É necessário saber diferenciar o que é mito ou verdade em relação ao TA. Atitudes adequadas contribuem para a melhora dos sintomas, e atitudes inadequadas mantêm os sintomas ativos, e, consequentemente, a doença se fortalece. Por exemplo, se você acha que a pessoa com TA só quer chamar atenção, provavelmente sua reação será no sentido de ignorá-la e, dessa forma, não contribuirá para a superação da doença.

MITOS MAIS FREQUENTES[8]
Famílias, em especial as mães, são responsáveis pelo desenvolvimento dos transtornos alimentares.
Pessoas com TA escolhem ter a doença.
Pessoas com TA estão tentando punir ou agredir seus pais ou as pessoas que convivem com elas.
Transtornos alimentares têm tudo a ver com vaidade e aspirações para ser modelo.
É apenas outra forma de o adolescente chamar atenção e se rebelar.
Esses comportamentos fazem parte do processo de crescimento, é uma fase passageira.
A pessoa estará completamente curada após um período de tratamento hospitalar.
Você deve fazer tudo o que puder para agradar e animar a pessoa que está doente.
O hospital e a equipe de tratamento sempre podem curar a pessoa com TA.
É apenas uma questão de comer; não come porque não quer.
Pessoas com TA sabem o que comer, apenas escolhem não comer.
TA é apenas uma dieta radical.
Depois de ter um TA, você nunca poderá se recuperar.
Uma vez que a pessoa atinge um peso saudável, ela estará curada.

O que se sabe é que um transtorno alimentar não é apenas um problema com comida e alimentação. Existem questões mais profundas relacionadas à identidade, emoções, crenças e valores. O tratamento pode levar tempo, e alguns aspectos da recuperação ocorrem dentro do contexto de desenvolvimento normal. Uma jornada rumo à recuperação geralmente é longa e desafiadora, mas a superação de um transtorno alimentar pode ser alcançada.[9]

---

[8] TREASURE; SMITH; CRANE, 2017.

[9] TREASURE; SMITH; CRANE, 2017, p. 14

É importante também você saber diferenciar uma dieta normal dos sintomas de um TA. A seguir, algumas atitudes que sinalizam a presença da doença:

SINAIS DA DOENÇA[10]
Negação da dieta.
Falam sobre alimentação, calorias e peso o tempo todo.
Mudanças das regras alimentares, por exemplo: tornar-se vegetariano (observação: não significa que todo vegetariano tem TA).
Encobrir a perda de peso usando roupas folgadas.
Aumento de interesse em alimentação: cozinhar para os outros, aumento de interesse por livro de receitas, olhar prateleiras de supermercado e ler rótulos dos alimentos, contagem de calorias.
Reivindicações para comer menos que os outros ou apenas diminuição das porções.
Comer vagarosamente com pequenos bocados.
Evitar comer com os outros, dar desculpas de que já comeu ou comeu em outro lugar.
O comportamento se torna cada vez mais compulsivo e ritualizado: limpeza, arrumação, organização.
Regras rígidas em relação à alimentação: comer apenas determinados alimentos, determinadas marcas, comer somente em horas específicas.
Isolamento social e mau humor.
Frequentes idas ao banheiro durante e/ou depois das refeições, cheiro de vômito ou uso excessivo de desodorizadores no banheiro e na casa.
Aumento da autocrítica: insatisfação com a aparência física e conquistas em geral, personalidade e habilidades sociais além de comentários autodepreciativos, tais como: "sou um lixo", "sou burra(o)", "sou preguiçosa(o)", "sou uma aberração", "sou tão inútil" etc.

---

[10] *Idem*, 2017, p. 14.

> Uma nova ou aumentada rotina de exercícios (rigorosa, rígida e esgotante).
>
> Irritabilidade e/ou raiva se confrontada(o) a respeito do comportamento alimentar ou da rotina de exercícios.

PONTOS DE REFLEXÃO[11]

> Os mitos são inúteis e prejudiciais. Eles levam a atitudes e comportamentos inadequados em relação a você, aos outros membros da família e à pessoa com TA, além de aumentar os níveis de estresse.

> O desenvolvimento de um TA não está sob controle consciente ou intencional.

> Existem incertezas sobre as causas dos TAs, mas as consequências são claras. Profissionais e familiares podem modificar as consequências trabalhando para diminuir o tempo de gravidade da doença e ajudando o indivíduo em seu desenvolvimento emocional, cognitivo e social.

---

[11] TREASURE; SMITH; CRANE, 2017.

3ª SESSÃO

QUE TIPO DE CUIDADOR VOCÊ É?

Os cuidadores de quem tem um TA também sofrem impactos sociais e emocionais. Os sintomas do TA causam frustração e ansiedade em quem tem a tarefa de cuidar, acolher, amparar e, por vezes, conter o doente.

> A vida social fica restrita; qualquer semelhança com a normalidade desaparece, os planos para o futuro são colocados em espera e as interações sobre a comida aos poucos dominam todas as relações familiares. Aos poucos, essas interações se tornam fonte de confrontos entre os membros da família. A maneira pela qual o cuidador tenta reduzir os sintomas pode involuntariamente desempenhar o papel oposto, mantendo e fortalecendo os mesmos.[12]
>
> Em consequência, o indivíduo se fecha ainda mais nos comportamentos do TA. É comum que os cuidadores relatem não estarem aptos para cuidar de seus entes queridos e precisem de ajuda para gerenciar os comportamentos do TA.[13]

O TA causa um movimento de intimidação em toda a família, e a rotina de todos acaba se acomodando em torno do TA. Observe como isso pode acontecer:

> **Você está aflito e ansioso com a dor de seu ente querido e tenta não o contrariar ainda mais > tenta acalmar a situação e organiza a vida familiar em torno do doente > martiriza-se pela família > o TA fica mais reforçado e domina ainda mais a casa e as rotinas > todo esse movimento mantém o TA vivo.**

---

[12] TREASURE, 2008 *apud* FERRAMENTAS para cuidadores: O papel do cuidador nos transtornos alimentares. Tradução de Fernanda Damigo. [*S. l.*: *s. n.*], s/d. p. 2.

[13] HAIGH; TREASURE, 2003 *apud* FERRAMENTAS para cuidadores: O papel do cuidador nos transtornos alimentares. Tradução de Fernanda Damigo.[*S. l.*: *s. n.*], s/d. p. 2.

O TA intimida e controla o doente com o quanto, o que ou como ele pode ou não comer, assim como pode passar a controlar toda a rotina familiar com relação a como ou quando usar a cozinha ou o banheiro, como fazer as compras ou organizar as refeições familiares, ou até se devem ou não sair de casa.

Esses comportamentos são facilmente fortalecidos quando os cuidadores não percebem como estão agindo. Veja como isso acontece:

> É impossível lidar com as consequências do TA > você ignora e finge não ver os comportamentos do TA e tenta "arrumar as coisas" > o doente não pode aprender a mudar > perpetuação dos comportamentos do TA.

Você tenta "arrumar a bagunça", limpando o banheiro, comprando mais comida ou ignorando pequenos furtos. Pode sentir-se tranquilizado momentaneamente, mas o problema está apenas aumentando.

O PAPEL DO CUIDADOR

Os cuidadores geralmente são os principais apoios de quem está doente e podem ser a solução para o problema. O que acontece é que a doença acaba por dominar a rotina e exigir demais de todos os integrantes da família.

Assim como auxiliar na melhora, o comportamento do cuidador pode ajudar a manter os sintomas do TA. Nosso objetivo com as intervenções é sempre destacar estratégias alternativas que permitam a melhora dos comportamentos.

As analogias feitas com animais servem para demonstrar as reações comuns que alguns cuidadores acabam tendo e que impedem uma ajuda efetiva. Cada analogia representa uma maneira padrão de agir. Mudar pode exigir um esforço em experimentar formas diferentes e que não são naturais ou espontâneas. Pode causar frustração e é preciso paciência.

O CANGURU:
EMOÇÃO DEMAIS/CONTROLE DEMAIS

Ilustração por Tomás Franceschini

O canguru superprotege e domina todos os aspectos da vida do doente. Coloca-o na bolsa, evita qualquer estresse e aceita todas as exigências. O doente não consegue aprender a ter autonomia em quase nada na vida. Observe o caminho desse comportamento:

> O cuidador fica ansioso sobre o TA e com medo de contrariar o doente > oferece apoio que não ajuda, não dá abertura e não permite responsabilidade pessoal > não dá oportunidade de enfrentar desafios, demonstra que o mundo é uma ameaça, sufoca e frustra > cria e piora os problemas > piora como ambos se sentem.

Por exemplo: quando há compulsão alimentar, o canguru pode comprar quantidades maiores de alimento para repor o que está faltando; ou quando há restrição, o canguru percorre distâncias para encontrar uma comida especial para satisfazer o TA; ou, ainda, reorganiza todo o horário da família para se adequar ao TA.

Desvantagem: falha na aprendizagem em lidar com o TA e com as demandas da vida, podendo aprisionar seu ente querido no papel infantil (falta de autonomia).

O RINOCERONTE:
LÓGICA DEMAIS/EMOÇÃO DE MENOS

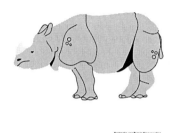

O temperamento do rinoceronte é tentar convencer e persuadir pelo confronto. É movido por estresse, exaustão e frustração. Mesmo que o doente o obedeça, não desenvolverá confiança para ter autonomia. A argumentação lógica, característica do rinoceronte, só vai cavar um buraco mais fundo para que o doente se esconda. Observe o caminho:

> Ansioso com o doente e com medo de sua morte, deseja controlar e arrumar tudo, do seu jeito, quer convencer, mostrar a razão > grita, tenta controlar, proíbe, discute, tenta ganhar > o ente querido se sente rejeitado e sem apoio, perde a confiança > causa raiva e contrariedade > emocionalmente exaustivo para os dois > piora como ambos se sentem.

Desvantagem: fechamento e atitude defensiva por parte de seu ente querido, usando a argumentação lógica do TA.

O AVESTRUZ: MUITO POUCA EMOÇÃO/MUITO POUCO CONTROLE

Ilustração por Tomás Franceschini

    O avestruz tem problemas em lidar com a aflição do desafio e do confronto e, por isso, evita falar ou pensar no problema, ao invés de tentar encontrar solução: "faz de conta" que nada está acontecendo, não tem tempo, trabalha muito, está sempre ocupado. O doente pode entender essa abordagem como falta de cuidado e passar a se sentir não amado. Observe:

    Pensar no TA me deixa inseguro e eu não sei o que fazer, melhor deixar outra pessoa fazer isso > não permite que se fale sobre o assunto em casa > os sintomas aumentam, o doente se sente envergonhado e ignorado

    Desvantagem: a pessoa com TA se sente isolada, solitária e sem suporte.

A ÁGUA VIVA:
MUITA EMOÇÃO/MUITO POUCO CONTROLE

Algumas pessoas ficam presas em emoções intensas, choram demais, gritam, se vitimizam e dramatizam demais. Elas podem ter altos níveis de culpa, idealizar o papel do cuidador como perfeito, ou entender a doença de forma equivocada. Essa abordagem triste e louca traz mais tristeza, noites em claro e piora os sentimentos de todos, aumentando a ansiedade da família. Observe o caminho do comportamento:

> Tudo é tão horrível, ele vai morrer > desmancha-se em lágrimas, não consegue dormir, afasta-se das pessoas, gritaria e raiva > o doente se sente irritado, mal por estar magoando as pessoas, passa a evitar contato e a esconder o que está acontecendo

Desvantagem: reação desencadeada por desespero e exaustão.

Para cada analogia animal, seja qual for a sua identificação, analise estas questões:

Reflita sobre as suas "reações animais", tente identificá-las, como se sente?
Quais são os efeitos dessas reações em você? E nos outros?
Elas estão funcionando? Pense no que não está funcionando e como evitar isso.
Qual aspecto do seu comportamento você pode mudar a fim de ajudar seu ente querido?

Como você pode mudar isso? Quais crenças precisam ser trabalhadas para mudar essa reação?
Se fosse dar conselhos a alguém na mesma situação, o que diria?
Quem pode lhe apoiar para experimentar novas reações? O que essa pessoa poderia fazer para lhe ajudar?
Estabeleça um objetivo ou uma meta para você mesmo.
O que pode fazer para você mesmo para baixar seus níveis de ansiedade e estresse?
Qualquer mudança de comportamento causa reação inicialmente. Como você pode proteger-se?
Mudar pode ser difícil e desconfortável, o que precisa fazer para ser mais confiante?
O que especificamente você pode fazer para começar a experimentar padrões diferentes de reação emocional e de comportamento?
Dar importância ao seu bem-estar físico e mental torna você um modelo de cuidado e ajuda o doente a aprender a mudar.
Calma, compaixão e paciência são essenciais para que haja mudança.

O OBJETIVO DO CUIDADOR

Lembre que ninguém acerta o tempo todo. Os acertos vêm após algumas tentativas e muitos erros. **Todo erro é um tesouro!** Aprenda a não desistir e a ter paciência.

Continuando com a analogia dos animais, você pode tentar ser parecido com o golfinho e com o cachorro da raça São Bernardo.

O GOLFINHO: CUIDADO E CONTROLE NA MEDIDA CERTA

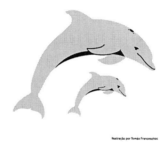

Uma ótima forma de ajudar alguém com TA e empurrá-lo gentilmente. Imagine que seu filho está no mar e que o TA é o seu colete salva-vidas. Ele não quer ficar sem a segurança do colete e viver em um mundo de incertezas e novidades. Você pode ser o golfinho e nadar ao seu lado, às vezes, à frente mostrando o caminho, às vezes, empurrando-o com gentileza e, assim, dando a autonomia e segurança necessárias.

Em síntese, há momentos em que você terá que direcionar, tendo uma atitude ativa e assertiva (não confunda assertividade com agressividade), e outros em que você poderá flexibilizar. Tente fazer a leitura do momento em que seu ente querido se encontra e controle ou flexibilize sempre que necessário.

O SÃO BERNARDO: COMPAIXÃO E CONSISTÊNCIA NA MEDIDA CERTA

Um São Bernardo responde consistentemente. É infalível, confiável e fidedigno em qualquer circunstância; calmo, afetuoso e centrado, mesmo nas situações mais perigosas; dedicado ao bem-estar e à segurança de quem gosta.

Cabe ao cuidador aceitar e processar a dor e desenvolver reservas de gentileza, suavidade e amor para proporcionar um cenário de mudanças.

> Sentir-se compreendido é o que precipita de maneira mais poderosa a mudança nos seres humanos e compreender nossos semelhantes é a expertise potencial de todos: compreender a raiva ou tristeza de outra pessoa ou frustração ou senso de injustiça.[14]

---

[14] LANGLEY, J. *Apostila de Treinamento Clínico do Novo Modelo Maudsley Baseado em Habilidades Familiares*, [S. l.]: CEBRATA - Centro Brasileiro de atuação em transtornos alimentares 2021. p. 11.

4ª SESSÃO

VÍDEO PIPER – APRESENTADO NA SESSÃO

Este vídeo pode ser encontrado na internet, a partir das seguintes referências: "vídeo PIPER Pixar short film". Ele tem por objetivo a reflexão sobre estimular a capacidade do ente querido em descobrir seus próprios recursos para lidar com as situações de vida. Entra como complemento do texto "Que tipo de cuidador você é", no sentido de os cuidadores refletirem sobre suas ansiedades em relação ao crescimento, à independência etc. dos seus entes queridos. Após apresentação do vídeo, é aberto espaço para discussão.

5ª SESSÃO

RESPONDENDO SUAS DÚVIDAS COM A PSIQUIATRIA

Nesta sessão, um profissional da psiquiatria é convidado para fornecer informações e esclarecer dúvidas sobre a doença.

6ª SESSÃO

SESSÃO LIVRE

A sessão livre é dedicada a conversar sobre tudo o que foi discutido até o momento, para compartilhar atitudes que funcionaram, que não funcionaram, esclarecimento de dúvidas e retomada de pontos relevantes.

7ª SESSÃO

DISTORÇÕES COGNITIVAS: COMO AS COISAS PARECEM PARA SEU ENTE QUERIDO, COMPARADO A COMO ELAS PARECEM PARA VOCÊ

A primeira coisa que o cuidador precisa saber é que o pensamento da pessoa com TA tem uma lógica totalmente particular. A forma como ela vê, pensa e sente a doença é totalmente diferente da sua. Você precisa compreender que o TA faz com que seja impossível para ela entender a realidade e aceitar qualquer lógica em questões relacionadas à comida. O TA domina seu pensamento.

Isso ajudará você a separar a pessoa da doença e, portanto, se manter empático e com compaixão enquanto você a guia em direção à recuperação. Interpretar a recusa de se alimentar ou a negação do que o espelho mostra como uma atitude desafiadora ou como algum outro comportamento propositadamente negativo é contraproducente, apenas aumenta o conflito.

Tentaremos elucidar as distorções de pensamento decorrentes do TA: a doença está matando a pessoa, mas ela se sente bem com a recusa alimentar porque é uma coisa que ela faz bem.

Adolescentes com transtornos alimentares, especialmente aqueles com anorexia nervosa, são, por natureza, bastante determinados. Você não pode ter só "um pouco" de anorexia, você tem que ser "perfeito" em ter anorexia. De fato, você tem que ser melhor em ter anorexia do que qualquer outro adolescente com essa doença.

As pessoas com anorexia foram normalmente elogiadas por sua habilidade de serem "determinadas", "focadas" e "energéticas", não por sua anorexia, é claro, mas por seu desempenho em matemática, esportes ou qualquer coisa a que se dediquem. Muitos cuidadores descrevem a pessoa com anorexia desta forma: "quando ela decide fazer alguma coisa, não tem jeito de alguém impedir", "quando ela vai atrás de alguma coisa, ela dá tudo de si".

Essa qualidade normalmente leva a diversos méritos saudáveis nos estudos, esportes e em outras atividades extracurriculares. A dificuldade aparece quando todos, você, os professores e os colegas, reconhecem esses méritos, mas ela não.

Para alguém com anorexia, méritos são rapidamente esquecidos, mas derrotas (reais ou subjetivas, como tirar um A- ao invés de A+) são revividas várias vezes e rapidamente "apagam" qualquer mérito anterior.

Esse pensamento "tudo ou nada", que também chamamos de "8 ou 80", pode ser devastador.

Por exemplo: Susan se esforça muito para ser a estudante perfeita, faz seus deveres meticulosamente todos os dias, não tem tempo para sair à noite ou nos finais de semana e tem um boletim impecável que serve como poderoso lembrete de que ela é uma "boa" pessoa e que os outros gostam dela. Sem isso, ela será "nada", "sem valor", um "fracasso". Então, no dia em que ela tira um B em matemática, seu primeiro B na vida, ela fica devastada. Ela vai para casa chorando e diz a seus pais que "as coisas nunca mais serão as mesmas", "ninguém mais vai falar comigo", "sou um fracasso, burra, estúpida e inútil".

O que geralmente acontece é que uma jovem com anorexia realmente pensa que ela é uma "perdedora", não é "boa em nada", não é atraente e daí por diante. Isso acontece sempre que ela não alcança o quanto está determinada a alcançar.

O nível estabelecido para poder se sentir "boa" é sempre alto e constantemente aumentado, tudo em um esforço de convencer a si própria que ela é mesmo merecedora.

Hilde Bruch, uma psiquiatra famosa que escreveu extensivamente sobre questões de autoestima em pessoas com anorexia, falou sobre esse foco nas próprias derrotas como uma "intensa sensação de ineficácia". Como resultado, e por motivos que não entendemos completamente, perder peso pode parecer uma boa alternativa para a pessoa, algo que ela pensa que a ajudará a se sentir melhor sobre si mesma. Essa pode ser especialmente a rota que a atrai se ela pensa que ela não é boa em mais nada, ou que se sente gorda ou se alguém faz um comentário a respeito do seu peso; ou, ainda, que tantas outras pessoas estão fazendo dieta e que essa pode ser uma boa coisa de se fazer.

Ao fazer dieta e perder peso, sente-se vitoriosa e, ao focar o pensamento em peso, caloria e forma corporal, desvia-a de pensar ou sentir coisas em relação à vida diária com as quais está com dificuldade de lidar (amizades, paqueras, vida social...).

Pelo fato de a pessoa ter essa habilidade de fazer qualquer coisa muito bem, ou de dar tudo de si, ela fará sua dieta ou atividade física, ou os dois, muito bem também. Infelizmente, o sucesso na dieta, no exercício e na perda de peso faz com que ela seja elogiada por sua aparência e encorajada por seus colegas, família etc. Parece fácil, então, por esse mérito, superar qualquer outro. Isso rapidamente se transforma na única coisa que ela acha que faz bem.

De fato, a anorexia está frequentemente associada a uma enorme sensação de orgulho:

"Eu posso recusar comida enquanto todo mundo não tem esse autocontrole".

"Eu posso perder quanto peso quiser enquanto vocês todos ficam lutando para perder só um quilinho".

"Eu posso correr esses 2 Km a mais, mesmo não tendo comido quase nada o dia inteiro — nenhum de vocês poderia fazer isso".

Esse sentimento de "melhor que você" pode ser sutil, mas se isso é a única coisa na qual a pessoa se considera boa, ela fará de tudo para defendê-lo. Então, logo essa habilidade de conseguir não se alimentar é vista como seu único mérito, e qualquer um que tentar convencê-la a ganhar peso é visto como ignorante na melhor das hipóteses, mas mais provavelmente como inimigo cruel e insensível.

A luta dos cuidadores é lidar com essa insistência que é tão característica dos transtornos alimentares, sem sentir que estão tirando algo tão "precioso" da pessoa. De fato, a maioria das pessoas com anorexia fará os cuidadores se sentirem "maus" por tentarem fazê-la ganhar peso. Ao mesmo tempo, terão que encontrar um jeito de serem perseverantes em seus esforços de ajudá-la a redirecionar sua habilidade em ser uma "boa anoréxica" para outra direção mais saudável.

O comportamento da pessoa com TA demonstra que ela está fora de controle, mas ela o vê como uma maneira de se manter em controle e expressar sua independência.

Na busca usual por autonomia, existem muitas maneiras nas quais adolescentes buscam controle de suas próprias vidas: escolhendo seus próprios amigos, lutando por seus desejos, estabelecendo seus próprios padrões de desempenho e daí por diante. Entretanto, algumas escolhas dos adolescentes indicam que eles não estão no controle, como beber excessivamente, ter atitudes de alto risco, desenvolver anorexia ou bulimia etc. A questão para os cuidadores é como estabelecer limites apropriados sobre independência e controle. Quando a dieta leva à anorexia, o adolescente precisa de ajuda para restabelecer o processo normal de autonomia dos adolescentes. Deve-se ter claro que as opções disponíveis e de experimentação não incluem restrição alimentar.

O mesmo é verdade quando a restrição alimentar leva a episódios de compulsão alimentar seguidos por vômito, como é o caso da bulimia: os cuidadores frequentemente têm que ajudar a pessoa com TA a normalizar a alimentação para que outros aspectos com os quais os adolescentes experimentam sua autonomia não sofram também como consequência da falta de controle sobre a alimentação (impacto em todos os aspectos da vida).

O desafio, no entanto, é que, apesar de o comportamento da pessoa demonstrar que ela está fora de controle, ela provavelmente vê seu transtorno alimentar como a única forma de se manter sob controle e expressar alguma independência.

Ela lutará vigorosamente contra suas tentativas de ajudá-la. Haverá poucas coisas que você poderá fazer que não serão interpretadas como "você está sempre me dizendo o que fazer" ou "você está tentando me controlar".

Para pensar: Isso acontece em outras áreas, ou seja, você controla muitos aspectos da vida de seu ente querido? Como você encara a mudança que acontece na adolescência? Como você encara a busca de autonomia?

Anorexia é um pouco diferente da bulimia nesse ponto. Adolescentes com anorexia provavelmente aparentarão estar no controle de suas vidas. De fato, a doença é frequentemente associada a uma grande sensação de ordem, organização e disciplina. As notas na escola continuam altas. *Tudo isso serve para confundir os cuidadores.*

Nós frequentemente ouvimos os cuidadores dizerem: "É, ela tem 17 anos e pesa 38 Kg, mas suas notas são excelentes, ela está se esforçando tanto e se saindo tão bem". O dilema se torna ainda mais difícil pelo fato de que a pessoa com anorexia afirmará, repetidamente, que ela está bem, que tem controle da situação, e que pode tomar suas próprias decisões de maneira racional. Ela poderá ser tão persuasiva em seus argumentos que você achará difícil não acreditar. A ironia é que a doença também tem a habilidade de convencê-la de que ela está de fato no controle de sua alimentação e do gerenciamento do seu peso, e que ela pode parar de fazer dieta e de perder peso quando ela quiser – "só que não agora!".

Bulimia não é completamente diferente, mas com essa doença talvez seja mais fácil para você notar que a pessoa está de fato fora de controle. Você provavelmente pode lembrar-se de que várias vezes uma caixa de chocolate sumiu da despensa: você sabe que estava lá de manhã, mas agora sumiu. Você lembra de ter colocado as sobras do frango do jantar de ontem na geladeira, e agora não estão mais lá. Você notou embalagens de doces no lixo todos os dias! E você também notou os restos de seu vômito no banheiro, semana após semana.

Muitos adolescentes com bulimia se sentem ambivalentes diante da possibilidade de qualquer pessoa interferir nos seus esforços de controlar seu peso, sua alimentação e até seu vômito. Por outro lado, muitos sentem, de fato, alívio quando os cuidadores ajudam a controlar o ciclo humilhante de comer e vomitar.

Outra diferença entre a bulimia e a anorexia é que a pessoa com bulimia não insistirá tão veementemente que tem o controle sob sua alimentação. De fato, toda vez que tem um episódio de "compulsão--vômito" (ou de compulsão com qualquer outro método usado para controlar o peso, como uso de laxativos ou diuréticos), seu ente querido se sente cada vez mais fora de controle: "Tenho nojo de mim mesma toda vez que faço isso, mas não sei como parar. Tenho tanto medo de ganhar peso se não vomitar que não consigo parar de fazer isso". Entretanto, outros adolescentes negarão a falta de controle, especialmente porque farão todos os esforços para restabelecer controle sob sua alimentação após um episódio "compulsão-purgação". Para uma pessoa com bulimia, essa sensação de controle raramente dura mais do que uns dois dias, quando um episódio de "compulsão-purgação" pode acontecer novamente. De qualquer forma, a pessoa que tem bulimia provavelmente afirmará que ela de fato tem o controle de seu comportamento e que não cabe a você dizer a ela o que fazer sobre suas dificuldades. Tudo isso pode gerar uma grande confusão para você, pai, mãe ou cuidador, pois vocês já viram a pessoa independente em tantas áreas da sua vida, que ajudá-la a controlar sua alimentação pode parecer contrário ao seu processo de crescimento.

O que é claro, entretanto, é que você não tem escolha. Você tem que ajudar a pessoa enquanto o transtorno alimentar continua a tornar o julgamento dela, sobre si mesma e sobre a comida, nebuloso.

A *anorexia* é uma doença *"ego-sintônica"*. Isso quer dizer que, diferentemente de muitas outras doenças mentais, o paciente com anorexia "gosta" ou "aprecia" a doença ou "sente conforto" na doença. *Colocando de outra forma, a doença faz sentido para ela.* Uma pessoa com anorexia não compreende seus riscos e fará quase que qualquer coisa para proteger sua doença. Um de seus maiores medos pode ser o de que você tentará "tirar" a doença" dela.

Em comparação, *bulimia* é *"ego-distônica"*. Isso significa que, apesar de a pessoa com bulimia apresentar vários dos mesmos aspectos de negação de sua doença como na anorexia, *existe menos orgulho sobre seus sintomas.* Um grande desconforto e vergonha estão associados com a compulsão e a purgação.

A dificuldade de lidar com a irracionalidade criada pelo TA pode fazer com que você acredite que a pessoa esteja criando uma situação adversa, aumentando o abismo que existe entre vocês. Porém cabe aqui uma pergunta: com esse tipo de atitude, quem ganha?

A resposta é: o transtorno alimentar ganha. Isso é porque o real e único inimigo é a anorexia ou a bulimia. Reconhecer isso é a chave para responder construtivamente a essa distorção cognitiva.

Apesar da dificuldade, você deve achar um jeito de comunicar à pessoa que você entende seu dilema, que a doença no momento não permite que ela seja racional sobre comida e peso, que você entende que, por enquanto, ela o vê como inimigo, mas que nada disso pode detê-lo de fazer o que você sabe que salvará a sua vida — fazê-la comer o que ela deve comer, ou lutar para que ela não vomite.

> **Outros entendimentos são importantes para ajudar você a manejar as situações.**

> O estômago de alguém com anorexia normalmente diminui em capacidade e, como consequência, o tempo que leva para o estômago se esvaziar é maior. É, portanto, bem provável que a pessoa se sinta cheia e continue se sentindo assim por mais tempo após comer mesmo uma quantidade pequena de comida, aos nossos olhos.

> Outro ponto a ser levado em consideração é que, na subnutrição prolongada, os sinais de fome ficam diminuídos, o que torna a tarefa de comer ainda mais difícil para a pessoa, quando ela diz estar sem fome. Então, quando ela come o que são de fato meras migalhas, ela sentirá que comeu demais devido ao que descrevemos anteriormente. Ela poderá dizer: "eu vou ficar gorda se eu comer aquele pão (que pode ser meia maçã, ou três cenouras, ou qualquer outra coisa), ou "eu simplesmente não posso comer tudo isso, eu já comi o suficiente", referindo-se ao pequeno prato de salada sem molho do qual ela comeu só a metade. Esses incidentes são, de fato, vividos como se ela realmente tivesse comido demais.

> Da mesma forma, perguntar o que ela comeu no almoço na escola pode resultar em uma resposta como "um iogurte, batatinha, maçã e um milk-shake". Isso pode parecer o suficiente, mas se você se informar cuidadosamente, pode de fato significar que, na realidade, ela comeu uma colher de iogurte, uma mordida de uma maçã e um gole de milk-shake. Por essa razão, quando os pais não acompanham as refeições, muitas vezes, não entendem por que a filha não está ganhando peso.

Adolescentes com bulimia nervosa também têm regras muito rígidas em relação à alimentação e podem fazer muita restrição. Muitas vezes, temem comer "uma migalha a mais" do que sua própria regra permite, pois acham que perderão o controle e "comerão o bolo inteiro". Infelizmente, isso é o que acontece com muitos adolescentes com bulimia e é por isso que estabelecerão tão rigidamente suas próprias regras.

> **Não importa o quão magra ela se torne, ela vê uma pessoa gorda no espelho.**

Isso se chama *"distorção da imagem corporal"* e é o resultado de um excesso de foco colocado no peso e na forma corporal que eventualmente leva à distorção da realidade.

Uma paciente adolescente descreveu sua experiência: *"Eu me achava gorda quando vestia essa calça. Agora que eu ganhei peso, eu não vejo nenhuma diferença (ainda me acho gorda), mas a calça é a mesma. Acho que não consigo ver as coisas do jeito que elas realmente são. Meu medo de ser gorda me faz me sentir gorda, não importa meu peso".*

Muitas pessoas com TA, entretanto, sabem que estão magras, mas não conseguem escapar do fato de se "sentirem gordas". Podem dizer: *"Eu sei que não sou gorda, mas toda manhã acordo me sentindo gorda, e sei que só existe um jeito de lidar com meu problema: perder mais peso. Talvez então eu não me sentia gorda".* O que está acontecendo para esses adolescentes que são predispostos a desenvolver um TA é que é "mais fácil" acordar de manhã e se concentrar em seu peso do que pensar sobre "aquele problema na escola" ou "o término de um namoro". Muitas pessoas com transtornos alimentares não sabem como lidar ou resolver os problemas que as fazem sentir-se deprimidos, mas é um pouco "mais fácil" restringir sua alimentação e perder peso como se pudesse transformar um "problema qualquer nesse problema que, para ela, tem uma solução mais conhecida".

Então, ao invés de acordar e dizer "estou deprimida" e ter que lidar com esse sentimento, parece mais factível trocar a depressão por "eu me sinto gorda" porque "ao menos, eu tenho um plano para diminuir ainda mais minha alimentação e perder outro quilo. Talvez então eu me sinta ok".

Obviamente, perder esse outro quilo não elimina a sensação de estar gorda – você achará muito difícil, senão impossível, convencê-la de que ela não está gorda.

> **Seu ente querido continua vomitando e, mesmo assim, seu peso está claramente aumentando.**

Uma das ironias da bulimia é que vomitar como uma estratégia de controle de peso não é muito efetiva. É impossível vomitar toda a quantidade de alimentos ingerida durante um episódio de compulsão alimentar que durou uma hora – muita comida já entrou no trato intestinal. Portanto, uma grande porcentagem dessa comida de alto teor calórico é digerida e leva ao aumento de peso. Com o tempo, então, ao invés de perder peso, pacientes com bulimia tendem a ganhar peso. No entanto, isso só aumenta a urgência de se esforçar para controlar seu peso, que leva à maior restrição alimentar, que leva à compulsão, que leva ao vômito. Ainda assim, eles continuam fazendo isso. Por quê?

A resposta é, em parte, porque, com o tempo, esses comportamentos alimentares, de comer compulsivamente e purgar na sequência, se tornam uma maneira de lidar com os outros problemas de sua vida. Os adolescentes declaram sentir um tremendo alívio após vomitar. Isso reforça o comportamento purgativo, independentemente da perda de peso.

Muitos adolescentes que estão doentes por um longo tempo admitem que sabem que vomitar não os ajuda muito a controlar o peso: *"É que eu tenho que fazer isso. Eu me sinto muito melhor depois, mesmo que esse sentimento não dure muito"*.

Então, quando a pessoa sente que não se saiu muito bem em uma atividade, ela pode comer compulsivamente e purgar. Isso é válido para situações como o término do namoro, a presença de dificuldades acadêmicas, dificuldades nos relacionamentos etc.

Em outras palavras, a compulsão e a purgação não são mais somente esforços para controlar o peso, mas acabam sendo usados como uma maneira de lidar com os problemas da vida.

Quando um comportamento como compulsão/purgação está sendo usado para lidar com vários tipos de problemas, é mais difícil pará-lo, e a sua justificativa de que esse comportamento não ajuda a controlar o peso não se aplica.

> A pessoa se pesa 10 vezes por dia e está constantemente se beliscando para ver se tem qualquer gordura em seu corpo, apesar da óbvia perda severa de peso.

Checar o próprio corpo e pesar-se repetidamente parece irracional para nós, pois sabemos que o peso não varia muito durante um dia e que se beliscar ou se checar no espelho repetidamente não fornecerá novas informações. Entretanto, a ansiedade sobre ganho de peso e o foco exagerado em gordura corpórea são comuns em adolescentes com anorexia ou bulimia. Para combater a impressão de ganho de peso, as pessoas com transtornos alimentares procuram conforto nas constantes atitudes de "checagem", seja beliscando o estômago ou as coxas inúmeras vezes por dia, seja se olhando no espelho por horas, checando ou re-checando para ver se qualquer peso foi ganho. Infelizmente, o conforto é somente momentâneo (se é que há algum), e eles rapidamente precisam checar novamente. Se você lembrar que esses comportamentos também reforçam o foco exagerado em relação ao peso e à forma corporal, você verá por que é necessário achar modos de ajudar a pessoa a reduzir a dependência dessas estratégias e reduzir a ansiedade dela sobre seu peso e sua forma. Por exemplo, você pode tornar essa batalha bem mais fácil se remover a balança de sua casa. Você pode reassegurar que ela será pesada em intervalos regulares no consultório médico, e lá ela pode discutir sua preocupação sobre esses pontos.

O QUE CUIDADORES DEVEM FAZER?

Quando você entende a forma de pensar da pessoa com TA a respeito desses assuntos, você formou a fundação de qualquer intervenção prática que implementará para ajudá-la a lutar contra o TA. Fazendo a separação entre a doença e seu ente querido (também chamado de externalização da doença), você o apoia em seu desenvolvimento adolescente e, ao mesmo tempo, insiste que ele lute contra o TA.

Seu ente querido não é a doença, ele tem uma doença.

Os transtornos alimentares são claramente doenças muito complicadas, tanto com respeito aos efeitos da subnutrição na mente e no corpo quanto em relação à coexistência de outras doenças psiquiátricas que podem complicar ainda mais a situação. Mais ainda, como vimos neste texto, a forma como o TA se manifesta deixa seus pensamentos e comportamentos aparentemente irracionais e confusos, mas existe uma lógica particular que você pode buscar compreender.

O tratamento de distúrbios alimentares precisa lidar com esses complexos grupos de pensamentos e de comportamentos e, às vezes, com problemas médicos decorrentes da subnutrição. O que isso normalmente significa é que um bom tratamento dá atenção a todos os aspectos da doença – psicológico, psiquiátrico, médico e nutricional. Um bom tratamento também significa que você, pai, mãe ou cuidador, participe ativamente nessa ajuda. Seu envolvimento no tratamento é particularmente útil, já que essas distorções cognitivas são tão persistentes e tão poderosas que alguém precisa estar disponível para contra-atacá-las no dia a dia, e obviamente os cuidadores e o resto da família são normalmente os únicos que podem fazer isso rotineiramente.

8ª SESSÃO

RESPONDENDO SUAS DÚVIDAS COM A NUTRIÇÃO

Esta sessão é realizada por uma nutricionista, tanto no sentido de dar informações quanto de esclarecer dúvidas sobre a parte nutricional.

9ª SESSÃO

ANTES E DEPOIS DO TA: MUDANÇAS NA ROTINA E NO SEU ENTE QUERIDO

A doença não se estabeleceu sozinha, é o resultado de uma composição multifatorial, de acontecimentos e fatores internos e externos ao paciente, inclusive fatores genéticos. Isso quer dizer que não há um culpado para o TA, apenas que existe um caminho que se estabelece para cada um. Por vezes, a família pode estar envolvida nesse caminho. A proposta é pensar como cada membro da família está envolvido com o paciente e com o funcionamento da doença.

A intenção será perceber e abrir um espaço para pensar o funcionamento da família com a presença da doença e como alguns ajustes podem fazer a diferença. Alguns aspectos são importantes para refletir:

Como começou o TA: tentar fazer uma retrospectiva de quando seu ente querido começou a apresentar os primeiros sintomas de restrição alimentar, compulsão alimentar e/ou purgação, preocupação com a imagem corporal, procura por atividade física exagerada, restrição ou isolamento social ou introspecção.

Histórico de TA na família: pensar se existe alguém na família que mostre uma pequena preocupação em se manter magro ou que sempre esteve em dietas restritivas, até comportamentos mais perceptivos, como purgação ou compulsão.

Separar o paciente da doença: o paciente não é a doença, é uma pessoa com desejos, personalidade, sonhos, habilidades e dificuldades que constituem toda a individualidade. **Ele ESTÁ doente, mas não É a doença.**

> **Perceber a gravidade da doença:** o TA é uma doença grave e merece toda a sua atenção. É um erro afirmar que é desejo de chamar a atenção ou "frescura". O paciente que está com dificuldades alimentares ou distorção de imagem encontra-se em sofrimento psíquico e emocional, e de forma alguma devemos menosprezar esse sofrimento.

> **Importância da participação dos pais na restauração do peso:** a família e quem está próximo ao paciente são peças fundamentais na evolução do quadro do TA. O paciente não tem o controle para se alimentar da maneira adequada, para restaurar o peso ou para manter um comportamento que o mantenha saudável. Para isso, o apoio e a ajuda de todos aqueles que se preocupam com ele serão vitais.

É importante pensar em como cada membro da família pode influenciar de forma positiva na restauração da saúde. Isso implica pensar em suas próprias questões com relação à doença, ao relacionamento com o paciente, assim como na inter-relação familiar.

Cada família tem a sua própria dinâmica. Como a dinâmica da sua família está facilitando a melhora ou manutenção do TA?

Como estão envolvidos, mesmo sem perceber, neste funcionamento?

De que forma o TA está conduzindo a sua família?

A intenção do grupo de pais é que algumas questões sejam levantadas e analisadas, facilitando, assim, a recuperação do paciente.

Para ajudar nesta reflexão, entregaremos uma pequena tabela para que preencham, pensando em seu ente querido e como o TA afetou o seu comportamento e a dinâmica familiar.

ESCALA DE ACOMODAÇÃO E HABITUAÇÃO PARA TRANSTORNOS ALIMENTARES[15]

Nome:...

Data:.............................

Os itens a seguir contêm uma série de afirmações que normalmente se aplicam a membros da família que moram com parentes ou amigos com transtorno alimentar. Gostaríamos que você lesse cada um e decidisse com que frequência ele se aplicou a seus familiares **no último mês**. É importante notar que não existem respostas certas ou erradas. Sua primeira reação geralmente fornecerá a melhor resposta. Escolha entre:

0 = nunca; 1 = raramente; 2 = às vezes; 3 = frequentemente ; 4 = todos os dias

O seu parente com transtorno alimentar controla:

1. As·opções de alimentos que você compra? 0 1 2 3 4

2. O que outros membros da família fazem e por quanto tempo na cozinha? 0 1 2 3 4

3. A prática culinária e os ingredientes que você usa? 0 1 2 3 4

4. O que os outros membros da família comem? 0 1 2 3 4

O seu parente com T.A. envolve algum membro da família em conversas repetidas:

5. Pergunta se vai engordar? 0 1 2 3 4

6. É seguro ou aceitável comer certos alimentos? 0 1 2 3 4

7. Pergunta se fica gorda (o) com certas roupas? 0 1 2 3 4

---

[15] LANGLEY, 2021, p. 53.

8. Pergunta sobre ingredientes e quantidades e possíveis substitutos para ingredientes? 0 1 2 3 4

9. Sobre pensamentos e sentimentos negativos? 0 1 2 3 4

10. Sobre automutilação? 0 1 2 3 4

A pessoa com T.A. controla algum membro da família com relação a:

11. Que louças são usadas? 0 1 2 3 4

12. Como a louça é limpa? 0 1 2 3 4

13. Que horas é feita a refeição? 0 1 2 3 4

14. Em que lugar é feita a refeição? 0 1 2 3 4

15. Como a cozinha é limpa? 0 1 2 3 4

16. Como os alimentos são armazenados? 0 1 2 3 4

17. A rotina de exercícios do parente com TA? 0 1 2 3 4

18. Seu parente está verificando sua forma ou peso corporal? 0 1 2 3 4

19. Como a casa é limpa e arrumada? 0 1 2 3 4

Você opta por ignorar aspectos do transtorno alimentar de seu ente querido que afetam a vida de sua família em um esforço para conciliá-lo ou torná-lo tolerável para o resto da família se:

20. A comida desaparece? 0 1 2 3 4

21. O dinheiro é levado? 0 1 2 3 4

22. A cozinha ficou uma bagunça? 0 1 2 3 4

23. O banheiro ficou uma bagunça? 0 1 2 3 4

24. Em geral, até que ponto você diria que o familiar com transtorno alimentar controla a vida e as atividades familiares?

Nenhum / Cerca de metade / Completamente

0 1 2 3 4 5 6 7 8 9 10

Para continuar respondendo ao questionário, lembre-se do seguinte: Se isso nunca aconteceu, você CIRCULA o número 0.

Se aconteceu 1-3 vezes por mês, você CIRCULA o número 1.

Se aconteceu 1-2 vezes por semana, então você CIRCULA o número 2.

Se aconteceu 3-6 vezes por semana, você CIRCULA o número 3.

Se acontecer diariamente, você CIRCULA o número 4.

Durante o último mês.

0=nunca 1=1-3 vezes/meses 2=1-2 vezes/semana 3=3-6 vezes/semana 4=diariamente

25. Com que frequência você participou de comportamentos relacionados às compulsões de seu ente querido? 0 1 2 3 4

26. Com que frequência você ajudou seu ente querido a evitar coisas que poderiam deixá-lo mais ansioso? 0 1 2 3 4

Se a resposta for NÃO, você CIRCULA o número 0.

Se a resposta for BAIXA, você CIRCULA o número 1.

Se a resposta for MODERADA, então você CIRCULA o número 2.

Se a resposta for GRAVE, você CIRCULA o número 3.

Se a resposta for EXTREMA, circule o número 4.

No último mês.

0 = não 1 = suave 2 = moderado 3 = severo 4 = extremo

27. Você evita fazer coisas, ir a lugares ou estar com pessoas por causa do transtorno de seu ente querido? 0 1 2 3 4

28. Você modificou sua rotina familiar por causa dos sintomas do paciente? 0 1 2 3 4

29. Modificou seu horário de trabalho devido às necessidades do paciente? 0 1 2 3 4

30. Você modificou suas atividades de lazer em função das necessidades do paciente? 0 1 2 3 4

31. Ajudar seu ente querido das maneiras mencionadas anteriormente lhe causou angústia? 0 1 2 3 4

32. Seu ente querido com transtorno alimentar ficou angustiado/ansioso quando você não prestou assistência? 0 1 2 3 4

TAREFA PARA OS CUIDADORES[16]

Após preencher esta escala, por favor, responda:

Qual foi a sensação de preencher o questionário?
Por que você acha que os membros da família podem responder dessa forma ao transtorno alimentar?
Quais seriam os possíveis benefícios de começar a mudar algumas dessas respostas?

---

[16]   LANGLEY, 2021, p. 55.

10ª SESSÃO

SESSÃO LIVRE

A sessão livre é dedicada a conversar sobre tudo o que foi discutido até o momento, para compartilhar atitudes que funcionaram, que não funcionaram, esclarecimento de dúvidas e retomada de pontos relevantes.

11ª SESSÃO

BUSCANDO ESTRATÉGIAS PARA LIDAR COM A ACOMODAÇÃO

Os transtornos alimentares têm um impacto profundo, tanto naquele que adoece quanto em seus cuidadores. Na maior parte dos casos, o papel de cuidador é desempenhado pela família, mais precisamente pelos pais.

É sabido que o sucesso do tratamento depende tanto do engajamento do paciente quanto da família. Os cuidadores chegam muito preocupados, ansiosos e sentindo-se culpados. Esses sentimentos geram dúvidas e ineficiência nas atitudes e ações dos cuidadores, o que costuma fortalecer o TA.

A forma mais efetiva de manejar os sintomas do TA e diminuir seus impactos nocivos é manter o controle dos cuidados nas mãos dos cuidadores, assumindo uma atitude mais ativa e assertiva.

É primordial saber a gravidade e os efeitos nocivos da doença a curto, médio e longo prazos, compreendendo as alterações que a doença provoca tanto no pensamento quanto no comportamento do paciente.

Os transtornos alimentares por sua natureza são caracterizados por comportamentos extremos e complexos. Externalizar a doença costuma ser um recurso eficaz para lidar com essas características.

Externalizar quer dizer separar a pessoa com TA do comportamento doente ou "da voz da anorexia/bulimia". Lembre: seu ente querido está com a doença, ele não é a doença.

O processo de separação entre o paciente e a doença contribui para que a família se autorize a ter uma postura mais firme e, às vezes, até drástica com seu ente querido em relação aos comportamentos e comentários sobre comida, peso ou imagem corporal.

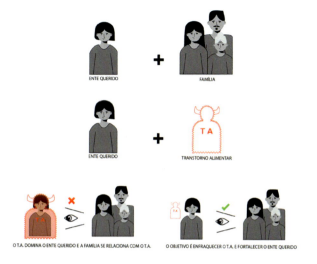

Ilustração por Tomás Franceschini

A falta de crítica, de pouco ou nenhum controle do paciente sobre sua doença, especialmente no início dela, leva à necessidade de os cuidadores assumirem a responsabilidade pelo tratamento, identificando e rompendo com os comportamentos disfuncionais relacionados à alimentação e ao peso. O rompimento desses comportamentos ou hábitos disfuncionais é um processo, o qual envolve três componentes:

> **Conscientização**
>
> Reunir informações e adquirir conhecimento em relação à doença possibilita uma reflexão sobre as próprias atitudes. Além disso, é importante saber como outros membros da família veem suas reações e atitudes com relação ao paciente ou ao enfrentamento da doença. Existem alguns comportamentos e falas que podem estar no "piloto automático" e que você não tenha ainda se dado conta, mas que podem estar contribuindo para a manutenção dos sintomas.

Planejamento

Esta fase depende da anterior. É preciso ter identificado as falas e atitudes disfuncionais, incluindo aquilo que está "em automático". O debate e a reflexão entre os cuidadores ou com outros membros da família são absolutamente relevantes. Usem esses momentos para levantar possibilidades, diferentes cenários e soluções. Por exemplo:

"Se fizermos assim, acho que pode acontecer isso".

"Se falarmos isso, acho que ele/a vai responder aquilo".

Ação

Novas ações e atitudes vão demandar tempo, paciência e, especialmente, repetição. Mas a mudança é possível! Escolha uma situação desafiadora e tente algo novo. Depois de uma tentativa, volta-se à fase da **consciência** – refletir sobre o que aconteceu, o que funcionou, o que não funcionou e precisa ser reformulado. O que você vai precisar, que tipo de ajuda será necessária para implementar ou para sustentar uma mudança?

Voltar a um novo **planejamento** e, em seguida, colocar este plano em **ação**.

É importante ter em mente que, se você pegar sempre a mesma estrada, chegará sempre ao mesmo lugar. Não adianta agir da mesma forma esperando um resultado diferente. Por isso, esses três passos são fundamentais, pois possibilitam a elaboração de novas ações.

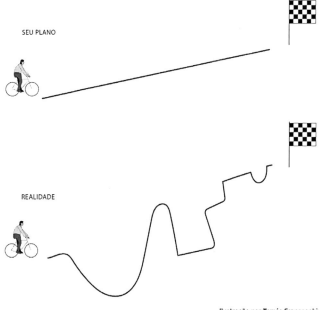

Ilustração por Tomás Franceschini

As mudanças trazem em si não somente a possibilidade de enfraquecer os sintomas do TA, mas, além disso, mostram ao paciente que você também está aberto a mudanças e, dessa forma, você ensinará por meio do exemplo. Afinal, o paciente terá que se abrir a uma série de mudanças para vencer o TA!

12ª SESSÃO

FORMAS DE ABORDAR O ASSUNTO

Como já dissemos, seu ente querido vai precisar muito da sua ajuda para superar o TA. Contudo, essa não é uma tarefa fácil, principalmente porque a pessoa com TA apresenta muitas mudanças de comportamento decorrentes da doença, e uma delas é a resistência ao tratamento.

É difícil argumentar com uma pessoa que vê o TA como uma solução para os seus problemas e só pensa nos "ganhos" da doença, não conseguindo perceber a gravidade e as perdas envolvidas. A primeira dificuldade é que, nesse momento, seu ente querido está pensando totalmente diferente de você e altera muito o humor quando você tenta ajudá-lo a comer, ou a não ter compulsão, ou a não vomitar, a não praticar exercícios excessivos, e ainda tem que implementar as orientações da equipe médica.

As pessoas com TA perdem anos de maturação emocional e experiência de vida. A doença restringe seu mundo, afeta a capacidade de abstração, reflexão e regulação da emoção.

Provavelmente, você já experienciou situações e sensações como estas:[17]

Eu não consigo chegar até ela. Ela rejeita tudo.
Ela fica com tanta raiva e diz que eu estou sendo superprotetor e estou imaginando coisas.
Ela diz que está apenas trabalhando muito para os exames.
De alguma forma, acabamos falando sobre mim, este não é o ponto.

---

[17] TREASURE; SMITH; CRANE, 2017.

Não desista, todos os cuidadores se sentem sozinhos, perdidos e confusos. É comum os pacientes demorarem muito para aceitar ajuda. A chave é trabalhar para que o paciente aceite que tem um problema, mas isso não é fácil.

Na percepção do seu ente querido, o TA traz alguns benefícios, como sensação de bem-estar, poder, controle, singularidade etc.

Falar com ele a respeito da doença é um processo extremamente tenso e difícil. Você pode sentir-se paralisado e impotente quando vê seu ente querido se tornar raivoso e/ou humilhado ao tentar abordar o assunto.

Você deve tratar a doença como um problema e, embora ele sinta somente as vantagens, precisa referir-se às desvantagens, às perdas. Reflita dentro do seu contexto a respeito do antes e depois do aparecimento do TA e tente relatar as mudanças percebidas tanto na vida do paciente como na vida familiar (por exemplo, hábitos da casa, isolamento, empobrecimento da vida social, estilo de vida, planos futuros, viagens etc.)

Pode ser útil tomar notas e ter essas observações à mão quando conversar.

Compare as informações que você buscou sobre o TA e suas observações.

Não entre no jogo, evite conversas sobre comida, calorias, forma corporal e peso. Entrar nesse jogo pode tornar as coisas piores.

Ilustração por Tomás Franceschini

Não esqueça que pode levar tempo para você ser ouvido. Em geral, os cuidadores têm expectativas irreais, achando que vão ser ouvidos facilmente, mas não esqueça que o TA está "dominando seu ente querido".

A seguir, algumas sugestões para que você tente abordar o assunto.

Como conversar sobre o TA

Lembre-se de que o TA se coloca à frente de seu ente querido, portanto, muitas vezes, você está conversando e se relacionando com ele (TA). Tente separar os comportamentos do TA dos comportamentos do paciente. Sua comunicação deve ser clara, firme e assertiva, lembrando que firmeza e assertividade nada tem a ver com agressividade.

Isso envolve:

Expressar suas preocupações
Oferecer ajuda
Deixar claro que ações pretende tomar (lembre-se dos combinados com a equipe, pois você ajudará o paciente a dar conta deles).

Exemplos:

> "Estou **preocupado** com você e acho que você não está percebendo a **gravidade** de sua situação."

> "Você está perdendo peso constantemente, está se isolando cada vez mais.... Tenho que ajudar você a se alimentar, por mais que isso seja **difícil para nós dois**. Sei que **você sofre com isso e que fica muito nervosa(o)**, mas estou aqui para te ajudar. **Temos que fazer isso...**"

> "**Eu amo muito você** e a minha maior preocupação é te ver bem. **Mas nós não concordamos em algumas coisas**. Você diz que..., mas eu penso que..."

> **Quando as coisas ficarem muito tensas, você pode dar um tempo:** "Então vamos parar agora e talvez possamos retomar isso mais tarde. Agora eu vou dar uma volta com o cachorro, visitar um vizinho..."

Atitudes dos cuidadores que podem ajudar:

> **Perceber e abordar a ambivalência em relação às mudanças:**
> "É como se uma parte de você sentisse.......e outra parte quisesse...." (uma parte do paciente quer melhorar e uma outra pode "não querer" ou não conseguir).

> **Descrever calmamente os fatos como você os vê e oferecer ajuda:**
> "Eu acho que você sente...", "eu percebo que...", "como eu posso ajudar?"

> **Tentar ouvir carinhosamente as respostas observando o ponto de vista do paciente:**
> "Parece que esse é o jeito como você vê e sente as coisas, mas eu tenho outro ponto de vista..."

> **Descobrir se algo preocupa a pessoa com TA:**
> "O médico disse que seria melhor você reduzir a prática de exercícios físicos porque seu peso está muito abaixo. O que você acha que aconteceria se você fizesse isso?"

Ouvir sem julgamento:

"As pessoas têm pontos de vista diferentes. Essa não é a forma como eu vejo as coisas, mas entendo que você veja de um jeito diferente. Porém, neste momento, eu preciso... porque me preocupo com você."

Expressar pensamentos e comentários positivos:

"Obrigada por...", "Eu gosto quando..."

Fazer comentários nos quais fique claro que você não gosta de tal comportamento, mas ainda ama a pessoa.

"Eu te amo, mas fico chateado quando você....", "Eu não gosto quando você...", "Estou muito preocupado com o que está acontecendo com você e com as mudanças em sua vida", "Eu realmente aprecio quando vejo você lutar bravamente com sua doença, mas fico muito preocupado quando a doença se fortalece, e você esquece de comer de forma saudável novamente."

Tentar modular sua reação emocional:

Suporte genuíno, amor, gentileza e respeito podem fazer uma sensível diferença. O cuidador não deve ser destrutivo, já que está lidando com alguém com baixa autoestima.

13ª SESSÃO

COMUNICAÇÃO E DIÁLOGO

A maioria das conversas cotidianas é de trocas práticas de escolhas de palavras. Isso envolve tom de voz, contexto e linguagem corporal e pode influenciar positiva ou negativamente em uma conversa. Rotineiramente, as conversas são despretensiosas e pouco planejadas, pois tratamos de coisas do dia a dia. No entanto, além da escolha das palavras, do tom, do contexto e da linguagem corporal do orador, o resultado de uma interação é amplamente determinado pela maneira como as palavras são RECEBIDAS. Quando se trata de alguém que sofre de um TA, até uma situação comum pode trazer uma reação inesperada.

Os pensamentos de uma pessoa são frequentemente traduzidos de forma diferente pelas palavras escolhidas para expressar o que se sente e, por sua vez, por quem os recebe. Quando a vida familiar inclui um membro que tem TA, a comunicação fica carregada e comprometida, e o interesse em ajudar e a preocupação podem significar crítica e intrusão. O TA faz com que a pessoa tenha muito baixa autoconfiança, e os cuidadores podem ajudar a mudar isso, ressaltando aspectos positivos em sua vida no passado e no presente, assim como ajudando-a a ser efetiva em suas próprias vidas. Cada oportunidade pode ser aproveitada para motivar e encorajar o paciente a mudar o comportamento na direção da saúde e do bem-estar.

O estilo de comunicação é muito importante para a saúde do ambiente, sendo necessário ter calma, paciência, pouca irritabilidade e crítica. Essa é uma tarefa difícil, pois o paciente de TA é bastante sensível a críticas, e qualquer deslize de comunicação pode levar a um entendimento errado. O tom de voz, a expressão facial e o uso de sons suaves de voz podem ser úteis.

> **Algumas dicas para ativar conversas saudáveis:**
> tom e volume de voz suave e gentil;
>
> postura guiadora;
>
> atitude colaborativa;
>
> gestos de "baixa potência", ou seja, controle da emoção (raiva, impaciência, irritabilidade);
>
> contato visual variável;
>
> sobrancelhas um pouco mais altas do que baixas (parecendo otimista e incentivador);
>
> espaço pessoal lado a lado, no mesmo nível;
>
> expressão de interesse;
>
> pouca repreensão, mais elogios e nenhum julgamento. usar palavras encorajadoras.

É bom praticar para ter o hábito de um repertório com mensagens encorajadoras: "obrigado por…, eu notei que você…, me ajude por favor …, eu posso ver que você está se esforçando, eu sei como isso é difícil para você". Demonstrações físicas de carinho e apoio também são bem-vindas: estender as mãos reconhecendo a dificuldade, oferecendo apoio e mostrando que você valoriza a pessoa. Mesmo que essas atitudes não sejam bem recebidas de início, persista. Seu ente querido precisa acostumar-se.

Quando estamos em família, acreditamos que conhecemos uns aos outros, e a comunicação se torna pouco investida de cuidado. Uma vez que você tem o problema de um TA na família, é particularmente importante e necessário seguir todas as regras de boa comunicação, em ambiente calmo, e NUNCA FALAR SOBRE COMIDA NA HORA DA REFEIÇÃO!

> **Algumas regras básicas para uma boa comunicação:**
>
> 1. Apenas uma pessoa fala de cada vez.
>
> 2. Dê a seu ente querido a oportunidade de falar sobre mudança, com incentivo para falar sobre a vida sem um transtorno alimentar. "Estou interessado no que você se lembra da nossa viagem para ...", "Eu gostaria de ouvir mais sobre..."
>
> 3. Se possível, permita que seu ente querido tenha o maior tempo de fala, longe do transtorno alimentar, especialmente quando a conversa é de mudança.
>
> 4. Ao mesmo tempo, tente limitar a oportunidade de voz do transtorno alimentar. Alguns exemplos da vida real: "Como discutido anteriormente, não é útil dar tempo para falar sobre transtorno alimentar – vamos mudar de assunto. Vamos falar sobre o que faremos quando... (por exemplo: visitarmos a vovó; queremos assistir ... na TV, mas eu sei que você gostaria de assistir a outra coisa; levarmos o cachorro para um passeio)".
>
> 5. O objetivo não é entregar um script padrão, mas trabalhar para realmente entender o que cada pessoa está dizendo.
>
> 6. O ambiente deve ser calmo, compassivo, caloroso e respeitoso.
>
> 7. Tente manter o foco no lado positivo, ou seja, copo meio cheio em vez de meio vazio, referindo-se a quaisquer conquistas e progressos, não importa quão pequeno seja.

OUVIR

Ouvir um ao outro e entender o que o outro está dizendo parece fácil. Na verdade, é muito difícil e requer habilidade e prática. Se estamos ouvindo, precisamos dar sinais não verbais – contato visual, um aceno talvez ou sacudir a cabeça. Uma boa maneira de provar que estamos ouvindo é fazer um resumo do que o orador quis dizer, em suas próprias palavras. E não importa se você não acertar. De certa forma, é útil errar um pouco e confundir o significado do indivíduo, pois isso pode levar o orador a adicionar mais detalhes e repetir seus pensamentos. O importante é mostrar que você está disposto·a dar tempo e energia para tentar entender. Isso não só significa ouvir, mas dá ao orador a chance de refletir sobre o que ele disse – muitas vezes, não sabemos o que pensamos até dizermos isso! A mudança de comportamento é mais provável quando colocada em palavras, então você quer que seu ente querido fale sobre mudanças o máximo possível!

"TODO ERRO É UM TESOURO"

Uma das principais vulnerabilidades das pessoas com transtornos alimentares é que elas estão excessivamente preocupadas em cometer erros. Você pode ensinar uma importante habilidade de vida ao seu ente querido, mostrando que não tem medo de admitir que cometeu um erro, que está disposto a pensar sobre o que aprendeu com ele e que você pode ser flexível o suficiente para mudar sua abordagem à luz de um novo aprendizado.

O QUE FAZER	O QUE NÃO FAZER
· estimular a apresentação de argumentos para a mudança;	· discutir, dar palestras ou tentar persuadir com lógica;
· concentrar-se nas preocupações de seu ente querido;	· assumir um papel autoritário ou especializado;
· enfatizar que ele tem a escolha e a responsabilidade de decidir seu próprio comportamento futuro;	· dar ordem, avisar ou ameaçar;
	· fazer a maior parte da conversa;
	· fazer declarações morais, críticas ou julgamentos;
· explorar e reflita sobre a percepção de seu ente querido sobre a situação;	· fazer uma série de perguntas seguidas;
· começar a suas falas com: "você sente...", "você pensa...", "você deseja...";	· dizer ao seu ente querido que ele tem um problema;
	· prescrever soluções;
· resumir periodicamente;	· hostilizar, julgar ou criticar.
· procurar ser o mais amoroso possível.	

Algumas atitudes suas podem facilitar as mudanças de seu ente querido:

Escutar o que ele está de fato dizendo. As pessoas com TA referem-se muito ao peso, à forma ou à comida, como se fossem defeituosos, inaceitáveis ou pouco amados. O que na verdade estão dizendo é que estão chateados com algo que não conseguem mudar ou encontrar solução. Tente afastar-se dos detalhes e enxergar o todo. Ele está com dificuldades em lidar com suas próprias emoções.

Demonstrar empatia. Isso significa colocar-se no lugar do outro, sem julgamentos e entendendo a sua perspectiva. Evite invalidar a dor emocional dele.

Compartilhar atividades fora do TA. Proporcionar uma atmosfera acolhedora e amorosa, apesar da resistência dele. Os cuidadores podem achar útil lembrar a si mesmos que quem está doente está expressando e projetando sentimentos infelizes sobre o mundo em geral – e você, infelizmente, está na linha de fogo! Levando isso em conta, podem compartilhar atividades prazerosas em grupo: jogos de tabuleiro, discutir sobre uma série, brincar com o cachorro, usar o "puxa conversa", ler algo juntos, organizar um ambiente da casa, sair para algum local onde possam interagir juntos (escape, bicicleta etc.), falar sobre música, colocar tarefas diferentes das usuais etc.

Atente para algumas armadilhas da comunicação. Responder perguntas sobre a forma e o peso são comuns: "Eu não vou engordar, vou?", "Eu não serei capaz de parar de comer?", "Você não colocou óleo nessa comida?". Pessoas com TA têm altos níveis de ansiedade e, muitas vezes, procuram os cuidadores para fornecer tranquilidade. Responder esses questionamentos pode trazer uma tranquilidade momentânea, mas a dúvida e a ansiedade logo estarão de volta, além de confirmar a ideia de que seu ente querido encontrará conforto nas respostas de um outro. Você pode dizer: "Vou falar sobre esse assunto durante apenas cinco minutos, e depois iremos mudar o assunto".

Explosões de intensa emoção (raiva, frustração, luto, insatisfação, desespero, desânimo) não são produtivas. Os cuidadores precisam ajustar a inteligência emocional. Isso significa ser capaz de refletir, digerir e seguir em frente a partir de reações emocionais. Nesses momentos, você pode dizer: "Eu não acho que este é um bom momento para discutir o assunto. Vamos falar sobre isso mais tarde, quando nós dois estivermos calmos". "Nós dois dissemos o que pensamos, agora eu vou...". "Minhas emoções são muito intensas para pensar claramente no momento. Vamos voltar a ele mais tarde".

As regras colocadas pela equipe de tratamento precisam estar claras e firmes. Assim, o cuidador pode sentir-se tranquilo para dizer: "Precisamos cumprir as recomendações da equipe, apesar de você não querer isso. Eu entendo que você não queira, mas precisamos fazer para a sua melhora". Quando a comunicação é clara e firme, a compaixão, o acolhimento e a empatia se tornam mais naturais. É importante que os cuidadores estejam de acordo sobre as regras. Caso isso não aconteça, recomenda-se que conversem em particular antes de seguir em frente e entrem em acordo. Toda comunicação familiar incluirá certa quantidade de debate e conflito. No entanto, é importante tentar evitar que as conversas se tornem descarriladas pela hostilidade e por mal-entendidos. Construir uma atmosfera de acolhimento e segurança, livre de críticas destrutivas ou hostis, é essencial.

– Nem sempre uma troca acalorada é um desastre. Tente manter a calma, repita o que você sente que é importante e depois deixe o assunto.

– Se uma conversa se tornar destrutiva/prejudicial, reconheça isso e tente terminá-la o mais rápido possível. Quando estiver calmo, volte ao assunto.

– Se depois de algum pensamento você sentir que sua reação não foi útil, esteja preparado para reconhecer isso. Ao ser capaz de reconhecer e admitir os próprios erros, damos aos outros a importante mensagem de que todos estão errados às vezes, bem como mostramos que não há problema em estar errado. Mais uma vez, cada erro é um tesouro.

Seus pensamentos, preocupações e comentários podem ser reformulados para que você possa ser o mais eficaz possível para ajudar:

COMENTÁRIOS CRÍTICOS	COMENTÁRIOS ÚTEIS
Você não tem amigos porque afastou todos.	Você está sem amigos agora, porque eles não souberam lidar com o TA.
Sua linguagem é ruim.	Falar dessa forma deve lhe ajudar a dizer como está com raiva da vida.
Você está mentindo.	A doença dificulta que você diga a verdade.
Você é egoísta e agressivo.	A doença domina o seu pensamento.
Tem algo errado com você. Antes era agradável e agora é cruel.	O transtorno alimentar deixa você ansioso e impaciente.
Você faz isso para me machucar.	Esta doença nos machuca a todos.
Você destruiu a família, gosta de ser difícil.	A doença tornou o nosso relacionamento mais difícil.

PENSAMENTOS QUE NÃO AJUDAM	PENSAMENTOS ÚTEIS
Preciso estar disponível para cuidar dele 24h por dia.	Preciso estar bem para poder apoiar meu ente querido. Para isso, preciso de um tempo para mim.
Cumprir as regras recomendadas deixa meu ente querido ansioso, portanto vou mudar as regras.	As regras precisam ser cumpridas, apesar de deixá-lo ansioso. Posso fazer isso tentando ser empático.
Eu devo tentar fazer sua vida o mais fácil possível. Ele é tão frágil e emocional. Se algo der errado ou for inesperado, ele não pode lidar com isso.	Temos que ajudá-lo a ser flexível e adaptável. Ele precisa dominar o enfrentamento com abordagens e regras ligeiramente diferentes.

Culpabilizar-se pelo TA também não ajuda. Portanto, assim como a pessoa com TA, você pode precisar de apoio profissional e especializado.

A seguir, o texto "A Escutatória", de Rubem Alves[18], complementa a ideia de comunicação proposta:

> Sempre vejo anunciados cursos de oratória. Nunca vi anunciado curso de escutatória. Todo mundo quer aprender a falar. Ninguém quer aprender a ouvir. Pensei em oferecer um curso de escutatória. Mas acho que ninguém vai se matricular. Escutar é complicado e sutil...
>
> Parafraseio o Alberto Caeiro: "Não é bastante ter ouvidos para ouvir o que é dito; é preciso também que haja silêncio dentro da alma". Daí a dificuldade: a gente não aguenta ouvir o que o outro diz sem logo dar um palpite melhor, sem misturar o que ele diz com aquilo que a gente tem a dizer...

---

[18] Disponível em: https://www.inf.ufpr.br/urban/2019-1_205_e_220/205e220_Ler_ver_para_complementar/RubemAlves__Escutatória.pdf. Acesso em: 3 ago. 2020.

Nossa incapacidade de ouvir é a manifestação mais constante e sutil de nossa arrogância e vaidade: no fundo, somos os mais bonitos...

Tenho um velho amigo, Jovelino, que se mudou para os Estados Unidos estimulado pela revolução de 64. Contou-me de sua experiência com os índios. Reunidos os participantes, ninguém fala. Há um longo, longo silêncio. (Os pianistas, antes de iniciar o concerto, diante do piano, ficam assentados em silêncio, abrindo vazios de silêncio, expulsando todas as ideias estranhas). Todos em silêncio, à espera do pensamento essencial.

Não basta o silêncio de fora. É preciso silêncio dentro. Ausência de pensamentos. E aí, quando se faz o silêncio dentro, a gente começa a ouvir coisas que não ouvia. Eu comecei a ouvir.

Fernando Pessoa conhecia a experiência, e se referia a algo que se ouve nos interstícios das palavras, no lugar onde não há palavras. A música acontece no silêncio. A alma é uma catedral submersa. No fundo do mar – quem faz mergulho sabe – a boca fica fechada. Somos todos olhos e ouvidos. Aí, livres dos ruídos do falatório e dos saberes da filosofia, ouvimos a melodia que não havia, que de tão linda nos faz chorar.

Para mim, Deus é isto: a beleza que se ouve no silêncio. Daí a importância de saber ouvir os outros: a beleza mora lá também. Comunhão é quando a beleza do outro e a beleza da gente se juntam num contraponto. Ouçamos os clamores dos famintos e dos despossuídos de humanidade que teimamos a não ver nem ouvir. É tempo de renovar, se mais não fosse, a nós mesmos e assim nos tornarmos seres humanos melhores, para o bem de cada um de nós.

É chegado o momento, não temos mais o que esperar. Ouçamos o humano que habita em cada um de nós e clama pela nossa humanidade, pela nossa solidariedade, que teima em nos falar e nos fazer ver o outro que dá sentido e é a razão do nosso existir, sem o qual não somos e jamais seremos humanos na expressão da palavra.

14ª SESSÃO

SESSÃO LIVRE

A sessão livre é dedicada a conversar sobre tudo o que foi discutido até o momento, para compartilhar atitudes que funcionaram, que não funcionaram, esclarecimento de dúvidas e retomada de pontos relevantes.

15ª SESSÃO

FUNÇÃO DO TA NA VIDA DO SEU ENTE QUERIDO

Sabemos o quanto é difícil entender e lidar com os transtornos alimentares.

Normalmente, a atenção fica concentrada no sintoma alimentar e na recuperação de peso. Acontece que a doença é muito mais do que isso, ela é somente a ponta de um *iceberg*.

Já discutimos que é causada por múltiplos fatores, mas aqui a tentativa é a compreensão dos fatores emocionais que estão envolvidos no desenvolvimento do TA

Habitualmente, eles aparecem no início da adolescência, fase em que muitas mudanças acontecem na vida das pessoas. A criança tem seu caminho praticamente todo guiado e orientado pelos pais. A adolescência é um período de muitas mudanças, e a pessoa tem que lidar com um corpo diferente, com o aparecimento da sexualidade, com maneiras diferentes de se relacionar, com escolhas que definirão a vida profissional etc. É o início do desenvolvimento da autonomia, em que cada vez mais a pessoa terá que contar consigo mesma, encontrar suas respostas para as situações de vida. É aí que as coisas se complicam, pois aparece uma sensação assustadora: "não tenho controle de nada". Algumas pessoas respondem a isso com maior facilidade, mas algumas encontram grandes dificuldades.

Pela dificuldade de encarar todas essas mudanças, um novo foco aparece e se torna o centro da vida da pessoa. Esse foco é o peso, a alimentação e a forma corporal, itens que dão a sensação de controle: "posso controlar o que como, meu peso e aqui ninguém pode interferir". Pensando nisso o tempo todo, o adolescente não pensa em coisas da sua vida que não consegue encarar, coisas que realmente teme.

Ilustração por Tomás Franceschini

Resumindo, o que devemos entender é que essa pessoa está com dificuldades emocionais e precisa de ajuda, não só na alimentação e no ganho de peso, mas necessita ser olhada em suas dificuldades.

A seguir, temos uma carta escrita por uma adolescente de 13 anos com anorexia nervosa. Nela, podemos perceber o sofrimento escondido atrás do TA.

> GEMA, 13 anos[19]
>
> Anorexia é um casulo no qual alguém que está gritando por ajuda se envolve.
>
> É um inferno onde colocam seus corpos quando suas vozes não são suficientemente fortes para dizer que suas almas estão chorando e triste.
>
> Anorexia é uma manta escura que se envolverá em torno de você.
>
> Anorexia é também um berço que segurará um corpo quebrado para esperar ajuda.
>
> O berço contará a alguém que a pessoa precisa de cuidado, cuidado que está faltando.

---

[19] ROLES, P.; MSW, RSW, BCATR. Family involvement can make a difference in helping a child or adolescent recover from. Working with families of youth with eating disorders. *BC Medical Journal*, v. 47, n. 1, p. 44, 2005.

Anorexia é uma nuvem trovejando em sua mente até quebrar seu espírito e que produz uma voz na sua cabeça que fala para você correr mais rápido, mais longe, mais forte e exige que você coma menos e menos e menos e menos.

E a anorexia não vai deixar você.

E o casulo, a manta escura, o berço, a nuvem trovejante e o terrível inferno não irão embora do seu corpo, espírito, mente e alma. Eles falarão até que alguém venha.

Até que alguém venha preencher os espaços.

Os espaços que estavam faltando, que estavam perdidos e vagando em algum lugar.

Talvez amor.

Talvez esperança.

Talvez controle.

Eu não tenho certeza.

Ou talvez ficará até que alguém venha cuidar.

O cuidado que você não pode dar a si mesma.

E aí então você conseguiu gritar.

Ilustração por Tomás Franceschini

16ª SESSÃO

FATORES DE MAU PROGNÓSTICO

Sabemos que os transtornos alimentares causam grande estresse tanto no paciente quanto na família. A tendência é que a família organize toda sua rotina em função da doença.

Quanto mais a família girar em torno do TA, mais difícil será a recuperação.

Como acontece essa organização em torno da doença?

A doença vai se instalando aos poucos, envolvendo a pessoa numa forma de se alimentar "mais saudável", prática de mais exercícios físicos, retirada gradual de alguns alimentos, principalmente carboidratos, até o momento em que se come uma maçã e um copo de leite ao longo de um dia inteiro. Nesse momento, algumas coisas já mudaram, não só na rotina da pessoa que adoece, mas também da família. Na angústia de alimentar a pessoa doente, ou controlar as compulsões, a **família começa a dar demasiada atenção às exigências impostas pela doença,** como comprar comidas especiais (arroz integral, granola etc.), deixar a pessoa comer no quarto, ter controle do preparo dos alimentos, ir para o quarto quando a família recebe visitas, recusar-se a fazer programas como ir à casa da avó, programas sociais etc. Esse processo de **acomodação e adaptação** da família leva à manutenção do TA.

Por essa razão é tão importante seguir as orientações da equipe que trabalha contra o TA. Não é uma tarefa fácil, mas se você não fizer um esforço nessa direção, quem ganha e dita as regras do funcionamento familiar é a doença. **Lembre-se de que ela coloca pensamentos que seu ente querido não consegue controlar e que, por mais sem sentido que eles pareçam para você, ele acredita inteiramente neles.**

Exemplo de um pensamento distorcido: *a paciente X começa desenvolver um TA durante a pandemia. Como tinha muito tempo ocioso, preenchia com excesso de exercícios e estudava muitas horas por dia. A consequência foi a perda de peso e um excelente desempenho escolar, deixando X muito feliz. A partir disso, concluiu que, depois que praticou exercícios e **ficou magra,** seu desempenho escolar melhorou (estar magra = bom desempenho escolar). Esse pensamento fez com que sua recusa em se alimentar aumentasse, porque, se comesse, ganharia peso e seu desempenho escolar cairia.*

Uma forma de lidar com isso é calmamente mostrar a incoerência desses pensamentos, questionando, por exemplo: "será que o fato de suas notas terem aumentado não tem a ver com mais horas de estudo, já que todas as outras atividades estavam suspensas por causa da pandemia?"

A situação criada pelo TA gera dificuldades no relacionamento entre os familiares/cuidadores e a pessoa doente. Isso aumenta muito o nível de angústia e ansiedade dos cuidadores, o que pode levar a respostas superprotetoras, cedendo a tudo que é solicitado, ou seja, a doença dita as regras. A família fica super envolvida na situação instalada pelo TA e, como consequência, não consegue olhar o problema com uma distância suficiente para pensar e buscar novas soluções. É comum os cuidadores agirem sempre da mesma forma sem se dar conta que, se daquele jeito nada muda, não adianta insistir nesse comportamento. Não existem atitudes certas ou erradas, mas atitudes que funcionam e que não funcionam. De tempos em tempos, os cuidadores devem parar, analisar qual o resultado que estão obtendo e, se perceberem que não tem funcionado, buscar novas atitudes.

Muitas tentativas dos cuidadores em lidar com a doença geram uma enorme frustração, porque grande parte delas não funciona. O resultado é um grande sentimento de impotência e frustração que pode levar ao aumento de crítica e hostilidade em relação à pessoa doente, o que também mantém os sintomas.

FATORES QUE CONTRIBUEM PARA A MANUTENÇÃO DO TA

1- Acomodação e adaptação aos sintomas.

2- Superproteção.

3- Dificuldade no manejo de conflitos, evitando falar sobre os problemas ou tendo posicionamentos muito rígidos que dificultam a mudança de atitudes (se você pegar sempre a mesma estrada, vai dar no mesmo lugar).

4- Alto nível de crítica e hostilidade, o que reflete em afastamento familiar e fechamento da pessoa doente.

5- Alto nível de ansiedade por parte dos cuidadores que leva a comportamentos ineficazes para lidar com a doença; isso gera ansiedade e insegurança na pessoa doente. Se você confiar e alinhar suas ações às requisições da equipe, terá mais segurança e firmeza para lidar com as situações do dia a dia.

6- Rigidez e foco no detalhe: inflexibilidade de pensamento e dificuldade em enxergar o todo pode impedir um olhar mais amplo da situação para buscar novas respostas frente às situações de dificuldade (novamente: se você pegar sempre a mesma estrada, verá sempre a mesma paisagem).

7- Dificuldade em dar autonomia aos filhos: cada idade exige uma atitude coerente com a fase. Temos que ser pais diferentes de acordo com a demanda de cada fase de desenvolvimento. Esse é um item importante, porque, em geral, o TA se instala no início da adolescência, e o fato de os pais terem que assumir o controle da alimentação pode misturar-se com a tentativa de controlar solicitações de maior autonomia referentes ao desenvolvimento saudável da adolescência.

Apesar de não haver uma receita para lidar com todos os entraves relacionados aos TAs, algumas **posturas são fundamentais para favorecer a recuperação.**

POSTURAS QUE FAVORECEM A RECUPERAÇÃO
1- Culpar-se pelo que está acontecendo com seu ente querido não levará a nada. Lembre-se de que você fez o melhor que pôde e deverá focar em como poderá ajudá-lo daqui para frente.
2- Você é a pessoa que mais conhece seu ente querido e, por isso, tentará encontrar recursos para ajudá-lo. As informações sobre a doença que você recebe no grupo de orientação são genéricas, e você deverá adaptá-las ao seu contexto e às características da pessoa com TA que você cuida.
3- Alinhamento dos cuidadores: é imprescindível que os cuidadores, dentro das características de cada um, estejam alinhados na forma de enxergar a doença e nas condutas relacionadas à pessoa com TA. Pensamentos e atitudes não alinhados levam à manutenção dos sintomas.
4- Externalizar a doença: lembre-se de que, por trás do TA, ainda existe a pessoa com quem você se relacionava. **Seu ente querido não é a doença;** não esqueça de resgatar as habilidades e partes saudáveis da pessoa que está por trás do TA (coisas que a pessoa gostava de fazer, quais suas habilidades, quais seus pontos fortes etc.).

Este é um ponto muito importante, pois, além de tentar buscar a pessoa por trás da doença, ajudará você a conscientizar a pessoa doente de todas as mudanças que ela sofreu pelo domínio da doença.

Para finalizar, faça sempre uma retrospectiva e tente identificar como era a vida familiar antes e depois do TA. Isso lhe ajudará a identificar momentos saudáveis e leves que podem e devem ser resgatados, além de identificar os pontos de adaptação e acomodação impostos pela doença – é contra esses que você deve lutar (o inimigo é o TA, e não seu ente querido). Você poderá avaliar e conscientizar-se das perdas na qualidade de vida que a família e a pessoa doente sofreram. Lembre-se de que a pessoa com TA enxerga somente os ganhos da doença e, com essa retrospectiva, você poderá ajudá-la a olhar para as perdas. Por exemplo, a paciente X só enxergava a conquista da magreza e do bom desempenho escolar até que percebeu que, com isso, veio seu isolamento, a perda do seu bom humor, os conflitos com os pais e com os irmãos, por sua rigidez e por querer que as coisas fossem sempre do seu jeito etc.

A síntese é sempre avaliar o quanto a família se acomodou e se adaptou às exigências da doença e, a partir disso, tentar caminhar em outra direção para lutar contra a manutenção dos sintomas. Seguir as orientações da equipe é fundamental.

17ª SESSÃO

FUNCIONAMENTO NORMAL DA ADOLESCÊNCIA

Segundo a Organização Mundial de Saúde (OMS), a adolescência compreende o período de vida entre 10 e 19 anos, sendo uma fase de transição entre a infância e a vida adulta. Ela é caracterizada por mudanças físicas e psíquicas. As mudanças corporais se instalam com a puberdade, que é um processo biológico que, de modo geral, acontece entre os 9 e 14 anos. As mudanças que operam na puberdade são geradas pela atividade hormonal.

Do ponto de vista subjetivo, consideramos a adolescência um fenômeno psicológico e social, que nem sempre é sucedido pela puberdade. Ou seja, pode ser que as mudanças psíquicas comecem antes das mudanças físicas. Da mesma forma, pode ser que as mudanças físicas aconteçam, mas o funcionamento do indivíduo ainda se mantém infantil. A palavra adolescência tem origem no latim: *a* (para) e *olescer* (crescer), dando o sentido de processo, de crescimento, ou de que o indivíduo está apto a crescer.

Para compreender a adolescência, é importante considerar os seguintes elementos:[20]

apesar de terem aspectos em comum, existem diferentes experiências adolescentes, já que ela está relacionada a aspectos psicológicos e sociais;
a adolescência é composta por diferentes fases, cada uma com características bem peculiares, em que início e fim não são muito precisos.

---

[20] OUTEIRAL, J. *Adolescer*: Estudos Revisados sobre Adolescência. 2. ed. Rio de Janeiro: Revinter, 2003.

A fase inicial costuma acontecer por volta dos 10 e 14 anos, caracterizada especialmente pelas mudanças corporais e pelo trabalho psíquico para dar conta delas. A fase média vai dos 14 aos 17 e tem como característica central as questões em torno da sexualidade. Na adolescência final, há o estabelecimento de uma identidade estável, a construção de novos vínculos com os pais e no social, além de encontrar uma vocação ou fazer uma escolha profissional.

O DESENVOLVIMENTO NORMAL DA ADOLESCÊNCIA – PROCESSO DE INDIVIDUAÇÃO

Entrar no mundo dos adultos é algo ao mesmo tempo desejado e temido. Para fazer essa passagem, da infância para a vida adulta, o adolescente terá que deixar sua condição infantil, sua identidade infantil. Portanto, do ponto de vista psíquico, a principal tarefa da adolescência é a busca de sua identidade adulta, de si mesmo. Essa identidade só será alcançada com a renúncia da dependência da infância. Ao longo desse processo, o adolescente transitará entre uma dependência e independência extremas, até que, ao final da adolescência, possa compreender que sua independência se dá dentro de um limite de dependência, sendo esse limite absolutamente necessário.[21]

É importante que se reconheça o processo de independência emocional não como uma ruptura do adolescente com a família, e sim como uma transformação do vínculo infantil de relacionamento para outro mais maduro. Nesse processo de "independização", a oposição ficará acentuada. É por meio da oposição de ideias, conceitos e valores que o adolescente vai se diferenciando dos pais e definindo sua identidade. Opor-se quer dizer ser diferente: "discordo, logo existo".[22]

Nesse trabalho em direção a diferenciação, o adolescente precisará "desvalorizar" os pais, achando que "não está perdendo muito", para conseguir se afastar. A oposição e os protestos do adolescente são

---

[21] ABERASTURY, A.; KNOBEL, M. *Adolescência Normal*. 10 Edição. Porto Alegre: Artes Médicas, 1981.

[22] OUTEIRAL, 2003.

necessários e, portanto, inevitáveis! Mas eles podem não aparecer por temor ou culpa, o que dificultaria o processo em curso. Essa postura dos filhos é dolorosa aos pais. Nesse momento, é importante que os pais compreendam essa postura – relembrando a própria vivência como adolescente – para que, ao final da adolescência ou início da vida adulta, os filhos vejam seus pais através de uma imagem mais real: nem idealizada, como fizeram na infância, nem uma imagem denegrida, como nas fases iniciais da adolescência.[23]

Do mesmo modo, o adolescente precisa elaborar os lutos frente à perda de sua condição infantil – luto pelos pais da infância e luto pelo corpo infantil – os pais também vivem lutos em relação aos filhos: precisam desprender-se deles enquanto crianças. Assim como acontece com os adolescentes, os pais também podem viver essa fase com ambivalência e resistência ao processo de crescimento em curso. Importante assinalar que, de modo geral, os pais não se dão conta dessa resistência.

O processo da adolescência é intenso e doloroso. Os conflitos emocionais pelos lutos que estão em elaboração, somados aos pequenos avanços e conquistas, levam a constantes flutuações no humor e no estado de ânimo.

As contradições sucessivas também são marca em quase todas as manifestações do adolescente. Elas são a expressão no mundo externo da ambivalência e insatisfação em relação a seu mundo interno. Em determinado momento, o adolescente se mostra com muita força e, no instante seguinte, está frágil. O que é bom hoje, amanhã pode ser que não seja; hoje eu amo, mas amanhã posso odiar.[24]

A agressão também é algo comum nessa fase e costuma ter o sentido de:[25]

---

[23] *Idem.*
[24] OUTEIRAL, 2003.
[25] *Idem.*

comunicar uma necessidade; ·

buscar o contato com alguém;

o adolescente se assegurar de que existe alguém que o compreende e poderá suportá-lo;

busca de garantia do sentimento que o adulto nutre por ele.

Em sua maioria, os adolescentes têm dificuldades de expressar seus sentimentos e ideias por meio das palavras. Costumam fazer isso por meio de atitudes, da ação. À medida que a organização mental, de seu mundo interno, vai progredindo, a expressão por meio do discurso verbal – mais coerente – vai se tornando mais frequente. [26]

A ADOLESCÊNCIA E O CORPO

Na adolescência, o indivíduo se vê frente a algo inevitável: as mudanças em seu corpo. Por um lado, essas transformações são desejadas, mas, por outro lado, essa realidade que se impõe pode ser vivida como uma ameaça, uma invasão que pode gerar o sentimento de impotência. Esse corpo que aos poucos vai se fazendo adulto e que o jovem deseja é algo desconhecido e que pode gerar temores. Provavelmente, esse corpo que se apresenta é diferente daquilo que ele imaginava, idealizava. É preciso tempo para poder habitar este novo corpo. [27]

Os transtornos alimentares podem ser entendidos como uma tentativa do adolescente em controlar o processo puberal, ou seja, o processo de mudanças corporais em andamento; uma tentativa de assumir, de controlar ativamente as transformações que sofrem passivamente. [28]

---

[26] *Idem.*
[27] ABERASTURY; KNOBEL, 1981.
[28] OUTEIRAL, 2003.

Nesse momento, o corpo assume um papel relevante na relação com outros adolescentes. É por meio da identificação e comparação com os outros adolescentes que o jovem passa a ter uma noção mais concreta do seu esquema corporal. Eles podem sentir que sua forma corporal é aceita ou rejeitada pelo grupo. Não é incomum os afastamentos ou até mesmo o isolamento social. Nessa nova relação com o corpo, as roupas passam a ter um outro significado: passam a ser "parte" do corpo do adolescente. As roupas se associam ao esquema corporal e à identidade, podem ser via de expressão de desejos, fantasias ou de conflitos e dificuldades. Por exemplo, a recusa em trocar de roupa ou de tomar banho pode dizer da dificuldade de ver as mudanças ou lidar com as diferentes sensações que estão experimentando nesse novo corpo.[29]

ADOLESCÊNCIA E TENDÊNCIA GRUPAL

A identidade se organiza por meio de identificações. As primeiras identificações acontecem com a mãe e com o pai e vão se ampliando para outros membros da família e da sociedade. O grupo tem papel absolutamente relevante na adolescência. É um dos espaços mais importantes na busca de identificações que diferem daquelas disponíveis na estrutura familiar. Nesse momento, as turbulências e confusões de seu mundo interno trazem ao adolescente a sensação de fragilidade. Uma forma de lidar com essa fragilidade é a busca por identidades parecidas que, juntas, trazem a sensação de unidade e até mesmo de poder. Estar no grupo é uma forma ativa de buscar referências diferentes das referências familiares. Por isso, as experiências com grupo são tão fundamentais para a estruturação da identidade. O grupo também tem importância na aquisição do esquema corporal. O adolescente começa a ter uma percepção, uma ideia mais concreta de seu corpo, por meio das identificações e comparações com outros membros do grupo. [30]

---

[29] *Idem.*

[30] *Idem.*

ADOLESCÊNCIA E RELAÇÃO COM O TEMPO

As noções de presente, passado e futuro vão se estruturando ao longo da adolescência. A angústia pela perda de infância (seu passado) e, ainda mais, o temor pelas perspectivas de futuro que são incertas levam a uma das características marcantes da adolescência, que é o imediatismo. Vivem a negação da passagem do tempo que fica representada ora no "tem tempo pra tudo", ora no "agora ou nunca".

Por exemplo, os pais perguntam se o filho já começou a estudar para a prova do dia seguinte, e a resposta do adolescente:

– "Eu tenho tempo ... a prova é só amanhã!"

No outro extremo, a filha que diz à mãe que precisam comprar urgentemente um acessório para a apresentação de teatro. A mãe pergunta quando será a apresentação, e a filha responde:

– "A apresentação será daqui um mês!"

As primeiras tentativas de discriminação temporal operam via referência corporal. Para se dirigir ao futuro, diz "quando eu for grande" e, ao tempo que já passou, "quando eu era pequeno". [31]

O adolescente precisará de tempo para que consiga fazer a integração das experiências do passado, com as vivências do presente e com o que está projetando para o futuro.

ADOLESCÊNCIA E SEXUALIDADE

A escolha de um parceiro, de um objeto amoroso, é uma das tarefas da adolescência. O amor apaixonado nessa fase tem características marcantes. Aqui, os vínculos se apresentam de forma intensa, porém frágeis.

Outro aspecto importante são as novas sensações que eles experimentam em seu corpo com as mudanças hormonais. A atividade masturbatória, bem como o início do exercício genital (das experiências sexuais), tem um caráter muito mais exploratório e preparatório para, ao final da adolescência, chegarem à atividade sexual adulta. [32]

---

[31] ABERASTURY; KNOBEL, 1981.

[32] *Idem.*

No início, nos encontros com o outro adolescente em atividades sociais, como na prática de esportes, os encontros do grupo do condomínio, da escola e em baladas, o contato, o toque, começa de forma tímida e vai se tornando cada vez mais profundo e íntimo. É fundamental que o adolescente sinta que tem espaço para conversar com os pais sobre seu interesse, sua curiosidade sobre a atividade sexual.

CAMINHOS DA SEXUALIDADE

A sexualidade é um aspecto que envolve o corpo, mas que é absolutamente marcada pelo subjetivo. Começa a se organizar no nascimento e costuma tomar sua forma definitiva ao final da adolescência.

Nascemos com um sexo biológico – mulher ou homem – definido por características anatômicas (genitais), genéticas e hormonais. Nesse momento, é atribuído ao bebê por seus pais – ou aqueles que exercem a função de cuidadores – um gênero: masculino/homem ou feminino/mulher.

O gênero pode ser definido como aquilo que diferencia e que identifica (aproxima) mulheres e homens e que é construído socialmente. Em outras palavras, "ser mulher" ou "ser homem" é algo único de acordo com as diferentes sociedades e os momentos históricos. Ao se identificar com um gênero (identidade de gênero), o sujeito passa a expressá-lo no mundo por meio do seu corpo, estilo e comportamentos. Mas pode acontecer de a pessoa não se identificar com nenhum gênero e ter uma identidade de gênero neutra. Nesse caso, ela pode apresentar-se como agênero. Outro aspecto importante em relação à questão de gênero diz respeito à pessoa se identificar ou não com o gênero que lhe é atribuído no nascimento. Quando há essa identificação, denominamos a pessoa de cisgênero (cis) e, quando não há, transgênero (trans). Por exemplo: a pessoa em seu nascimento foi considerada um homem do sexo masculino, usa um nome masculino e se identifica como uma pessoa do gênero masculino – esse é um homem "cis".[33]

---

[33] CIASCA, S. V.; HERCOWITZ, A.; LOPES JÚNIOR, A. *Saúde LGBTQIA+*: Práticas de Cuidado Transdisciplinar. Santana de Parnaíba: Manole, 2021.

O processo de aquisição da identidade de gênero ocorre com mais frequência na infância. Porém, a chegada da adolescência, as turbulências fisiológicas e psíquicas podem dar outro rumo ao processo da identificação de gênero.

O EU E O CORPO EM AJUSTE

Para grande parte dos adolescentes, lidar com as modificações intensas desse período não se dá de forma harmoniosa. É muito comum que haja um descompasso entre a velocidade do desenvolvimento físico e a ideia que vai se construindo do próprio corpo (imagem corporal). A puberdade é um fenômeno fisiológico que acontece na adolescência, gerando uma série de mudanças físicas e no comportamento do adolescente. Nesse período, os órgãos sexuais se desenvolvem, e o jovem atinge a capacidade reprodutiva. Em outras palavras, o adolescente está "preparado" para ter relações sexuais e ter filhos. Do ponto de vista psíquico, será um árduo trabalho de elaboração do luto do corpo infantil; lidar com a perda dos aspectos infantis do corpo para, aos poucos, ir se apropriando das novas características que esse corpo vai adquirindo. [34]

O início da menstruação para as garotas e o início da produção de sêmen para os garotos são momentos importantes para os adolescentes, mas cada um os experienciará de forma muito singular. Alguns se sentem confortáveis e contentes com a novidade, enquanto outros vivem com desconforto e apreensão.

Podemos chamar as fases iniciais da adolescência de "aprendizagem do sexual". Nesse momento, prevalece o caráter exploratório do corpo. Seja pela exploração do próprio corpo, autoerotismo (masturbação), seja pela aprendizagem mediante o contato com o corpo do outro adolescente, nas mais variadas situações: abraço, beijo, toque, dança. Essas explorações, mas especialmente a masturbação, têm a função de aprendizado, preparação para as relações sexuais da vida adulta.

---

[34] WEINBERG, C. *Por que estou assim?* Os momentos difíceis da adolescência. São Paulo: Sá Editora, 2007.

Outra definição importante na adolescência é sobre orientação sexual. Ela diz respeito ao desejo ou à atração física e/ou emocional por outra pessoa.[35]

O homossexual sente desejo por alguém do mesmo gênero, enquanto o heterossexual se sente atraído por pessoas de outro gênero. O bissexual é a pessoa que se sente sexual e/ou emocionalmente atraída tanto por pessoas do mesmo gênero quanto por pessoas de gênero diferente.

De modo geral, a escolha do parceiro, de um par amoroso na adolescência, tem mais características de paixão, do que, de fato, de amor. A paixão envolve sentimentos intensos, arrebatadores, e a percepção objetiva fica distorcida. Já o amor é caracterizado por um ritmo mais lento, duradouro, e o ser amado é visto de uma forma mais real, incluindo suas limitações.

Lembrando que todas as mudanças, novidades, desse período são carregadas de ambivalência por parte do adolescente. Por um lado, ele as deseja e, por outro, sofre com os conflitos, as contradições, as dúvidas elas geram. É importante que os jovens estejam apoiados para atravessar essa fase desafiadora. O processo gradual de renúncia dos aspectos infantis de si mesmo e a apropriação de aspectos mais amadurecidos é que permitirão a inserção dos jovens no mundo dos adultos.

---

[35] OUTEIRAL, 2003.

18ª SESSÃO

VÍDEO "O CORDÃO"

Este vídeo pode ser encontrado na internet, a partir das seguintes referências: "animação O Cordão". Ele tem por objetivo a reflexão sobre a relação simbiótica tão frequente na relação mãe/filho nos transtornos alimentares.

"O Cordão" é uma animação do diretor Russo Aleksandr Bubnov, que retrata um cuidado cego, sufocante, superprotetor, que acaba deixando o filho incapaz de crescer e se tornar um homem, um ser autônomo, fazendo dele uma pessoa incapaz de se relacionar com o mundo, sendo sua vida a dedicação exclusiva à mãe.[36]

---

[36] Podcast: Paternidade Sem Vergonha.

19ª SESSÃO

EXPECTATIVAS E SONHOS DOS CUIDADORES X EXPECTATIVAS E SONHOS DO ADOLESCENTE

ACOMPANHANDO A TRAVESSIA

A presença, a proximidade dos pais junto ao adolescente é que contribuirá para a definição de sua identidade. E como já foi dito, parte desse processo é o luto dos pais da infância, dos pais idealizados. Para se separar desses pais idealizados e se encontrar com os pais reais, o confronto será necessário.

É preciso que, mesmo frente a tantas reações de confronto, de desvalia, os pais não desistam de desempenhar suas funções. Aquilo que se transmite no exercício das funções materna e paterna é que permite que se estabeleça uma identidade.

Parte daquilo que se transmite diz respeito às escolhas. Desde a infância, o sujeito recebe do mundo à sua volta, especialmente dos pais, uma série de referências, direções e parâmetros. Esses serão usados ao longo de toda adolescência no exercício ou na elaboração de escolhas.

É importante que os pais possam manter suas referências mesmo que essas sejam desqualificadas pelos filhos. Elas servirão como parâmetro para que eles façam suas escolhas. Enquanto PARÂMETRO, essas referências dão espaço para que escolhas possam ser feitas. É importante que os pais considerem:

- os filhos podem escolher não seguir as referências dos pais;
- os filhos podem escolher segui-las em partes;
- os filhos podem escolher assumir as referências dos pais enquanto suas.

Assim como a elaboração das escolhas, outra função fundamental da adolescência que queremos ressaltar é a substituição do vínculo infantil – marcado pela dependência – por outro no qual o adolescente possa experimentar mais autonomia.

Assim como em relação a outros aspectos, no que diz respeito à dependência e à independência, o adolescente normalmente alterna momentos progressivos e regressivos. Ou seja, ora se porta mais como uma criança – e aqui a comunicação tem mais elementos não verbais, e o pensamento se apresenta de maneira mais concreta[37]. Por exemplo: está bravo e faz uma "cara feia" ou bate a porta do quarto. Ora se porta mais como um jovem adulto – e aqui a comunicação passa a ter predomínio verbal e o pensamento mais abstrato.

Essa alternância entre progressos e regressos deve-se às tensões tanto internas – todo o trabalho psíquico em curso – quanto externas, no que diz respeito às exigências da família e do social.

Nesse processo de aquisição de autonomia, tanto uma atitude autoritária quanto uma atitude permissiva dificultam a organização mental, subjetiva do adolescente. Em outras palavras, o limite que aprisiona ou a falta dele podem trazer prejuízos para o processo em andamento.

O limite contém e orienta a mente do jovem. Ele tem a função de oferecer um espaço protegido para que o adolescente possa desenvolver sua mente, seu mundo interno. O excesso de liberdade, por exemplo, pode ser vivido como um abandono.

É importante ressaltar que algumas de suas escolhas serão diferentes das de seus pais, e isso é parte de sua nova condição de jovem adulto.

---

[37] OUTEIRAL, 2003.

É difícil, porém importante, respeitar uma visão de mundo diferente daquela que você passou com empenho a seu filho.

Ilustração por Tomás Franceschini

20ª SESSÃO

ENCERRAMENTO E AVALIAÇÃO DO GRUPO

AVALIAÇÃO DO GRUPO DE PAIS

1- As informações foram claras? 0 1 2 3 4 5 6 7 8 9 10
2- As informações foram suficientes? 0 1 2 3 4 5 6 7 8 9 10
3- Acolhimento dos profissionais do grupo de família: 0 1 2 3 4 5 6 7 8 9 10
4- Duração do grupo: tempo suficiente ( ) longo ( ) Em sua opinião qual seria o tempo ideal?
5- Algum tema precisaria ser mais abordado?

6- Há algum tema que não abordamos e que gostaria que fosse abordado?

7- O quanto você acha que o trabalho de orientação em grupo contribuiu para mudanças no dia a dia com seu ente querido em relação ao transtorno alimentar?

0 1 2 3 4 5 6 7 8 9 10

8- Se houve mudanças na rotina, quais você poderia citar?

REFERÊNCIAS

ABERASTURY, A.; KNOBEL, M. *Adolescência Normal*. 10. ed. Porto Alegre: Artes Médicas, 1981.

AUTOR DESCONHECIDO. *Distorções Cognitivas*: como as coisas parecem para sua filha comparado a como elas parecem para você. [*S. l.*]: [*s. n.*], 2006.

CIASCA, S. V.; HERCOWITZ, A.; LOPES JÚNIOR, A. *Saúde LGBTQIA+*: Práticas de Cuidado Transdisciplinar. Santana de Parnaíba: Manole, 2021.

HAIGH, R.; TREASURE, J. Investigating the needs of carers in the area of eating disorders: development of the Carers Needs Assessment Measure (CaNAM). *European Eating Disorders Review*, n. 11, p. 125-141, 2003.

LANGLEY, J. *Apostila de Treinamento Clínico do Novo Modelo Maudsley Baseado em Habilidades Familiares*. [*S. l.*]: [*s. n.*], 2021.

LANGLEY, J.; TODD, G.; TREASURE, J. *Caring for a Loved One with an Eating Disorder*: The New Maudsley Skills-Based Training Manual. New York: Routledge, 2018.

LOCK, J.; LE GRANGE, D. *Help Your Teenager Beat an Eating Disorder*. London: Guilford Publications Inc., 2015.

LOCK, J.; LE GRANGE, D. *Treatment Manual for Anorexia Nervosa*: A Family-Based Approach.. London: Guilford Publications Inc., 2015.

OUTEIRAL, J. *Adolescer*: Estudos Revisados sobre Adolescência. 2. ed. Rio de Janeiro: Revinter, 2003.

ROLES, P. Family involvement can make a difference in helping a child or adolescent recover from. Working with families of youth with eating disorders. *BC Medical Journal*, v. 47, n. 1, p. 44, 2005. Disponível em: https://bcmj.org/sites/default/files/BCMJ%20_47_Vol1_Working_with_Families.pdf. Acesso em: 10 jul. 2022.

TREASURE, J. *et al.* Interpersonal maintaining factors in eating disorder: Skill sharing interventions for cares. *International Journal of Child and Adolescent Health*, In Press, v. 1, n. 4, 2008.

TREASURE, J. *et al. The Assessment of the family people with eating disorders.* 2008. Disponível em: https://onlinelibrary.wiley.com/doi/abs/10.1002/erv.859. Acesso em: 28 jul. 2022.

TREASURE, J.; SMITH, G.; CRANE, A. *Skills-based Caring for a Loved One with an Eating Disorder.* New York: Routledge, 2017.

WEINBERG, C. *Por que estou assim?* Os momentos difíceis da adolescência. São Paulo: Sá Editora, 2007.